本当に
必要なことはすべて
「小さな暮らし」が
教えてくれる

Way of Life
Called Minimum Rich
Mayuko Yokota

横田真由子

クロスメディア・パブリッシング

はじめに

小さな暮らしで「ありのままの自分」を好きになる

ハイブランドの販売員をしている頃、商品をお届けに、お客様の邸宅に伺うことがありました。外国映画に出てくるような大きな庭のある家。吹き抜けの高い天井にらせん階段、長い廊下に大きな衣装部屋。大きな家こそ豊かさの象徴のように感じ、大きな憧れを抱いていました。

当時、私は、多くのモノを求め、多くのモノを手に入れることに、お金とエネルギーを注ぎ込んでいました。けれど、たくさん買い物をしても、心から満たされることはありませんでした。

モノを「買っては飽きる」を繰り返し、モノに振り回され、消耗していきました。

そんなとき、モノに支配されない、小さな暮らしに意識が向くようになったのです。


それは、ある女性との出会いでした。

お客様として知り合い、私が退社してから仲良くなった一回りも年上の素敵なひとでした。

バッグやお洋服ではなく、当時「ホームウエア」と呼ばれていたカテゴリーの食器などをお買い上げになるお客様で、印象に残っていました。

遠くに少しだけ海の見える高台の家に住む彼女の暮らしは、想像していたより小さく、驚くほどシンプルでした。

リビングにはほとんど家具はなく、印象的だったのが、唯一の存在感を放つ飾り棚。

ティーカップやアクセサリー箱、写真集などがディスプレイされていました。彼女は、ゆったりとした動作で、そこから銀製の美しいアンティークのポットを取り出して、香り高いおいしい紅茶を淹れてくれました。

その銀のポットには貝や花が繊細に描かれており、イギリスに留学していたとき、骨董品の蚤の市で出会ったお気に入りだと話してくれました。

「仕事から疲れて帰ってきても、このコーナーを見ると気持ちが上がるの」。

モノは少なくても、自分の思い入れのある、一つひとつのモノを大切にしている暮らしは、とても豊かに感じました。

「あんな風に、小さな部屋の一角だけなら、お気に入りの場所をつくれるかもしれない」。

私は早速、家に帰って、お気に入りのモノだけを並べた小さな棚を作りました。

キャンドルやガラスの一輪挿し、装丁が好きな本などを置いてみたら、「これだけで十分に素敵」と思えました。背伸びするでもなく、誰と比べるでもなく、ありのままの自分のことを少し好きになれる気がしました。

好きなモノだけで暮らす小さな暮らしが、自己肯定のきっかけになったのです。

何だか満たされないと思うときこそ、小さな暮らしに仕立て直して、人生も仕立て直しませんか。

いまの自分と未来の自分を好きになるために。

目次

Chapter 2

「お気に入り」と暮らして小さな彩りをつくる

自分らしい「いま」の見つけ方

Chapter 3

忙しくても心が整うシンプルなルール

お部屋をスッキリ見せるための簡単なコツ

Chapter 4

心地良く暮らすために習慣の質を見直す

余白をつくる暮らしの小さな習慣

Chapter 5

小さなひと手間で暮らしを心地良く整える

暮らしを整えて心も整える

Chapter 6

生活の質が上がる毎日のセルフケア

自分を整えることは、人生を整えること

Chapter 7

私の小さなご褒美

大人のミニマムリッチ旅

Chapter 8

小さくても大きな幸せを感じる人づきあい

人づきあいのミニマムリッチ

Chapter 9

小さな幸せを見つけて毎日ご機嫌に生きる

「もっともっと」を手放す方法

おわりに

小さな暮らしの幸せが
永く続きますように

ブックデザイン　都井美穂子
イラスト　熊谷奈保子

暮らしを小さく
仕立て直す

小さくあたたかく
暮らすためのアイディア

Chapter 1

Way of Life Called
Minimum Rich

Lesson 1

お気に入りの小さな椅子と暮らす

家具をひとつだけ持って引っ越すなら、まちがいなく椅子を選びます。

お気に入りの椅子ひとつあれば、どこにいてもリラックスできるからです。

「何もしない」を意味するオランダ流のリラックス法、「ニクセン」があります。その中のひとつである「チェアリング」は、椅子ひとつでできるリラックス法です。

旅ができないコロナ禍では、小さな椅子ひとつ持って、公園でひなたぼっこをしたり、ベランダで夕陽を眺めたりする「チェアリング」を実践していた人も多かったのです。

本を読んだり、お茶を飲んだり、ただぼーっと外を眺めたりするだけなのですが、その椅子に座るだけで、じわっと幸せになれるような、座り心地の良い、お気に入りの椅子と一緒だからくつろぐのです。

ひとり暮らしを始めたとき、最初に買ったのも一脚の小さな椅子でした。

カタログを見て一目惚れをしたときから、「いつか欲しい」と恋い焦がれていたものでした。

その椅子こそが、自分の居場所のように感じていました。椅子取りゲームで、いつも座る椅子が見つけられず、オロオロと歩きまわる自分から卒業できるような気がしました。「人は自分が座る居場所を求めて旅をしているのかもしれない」と感じていたあの頃から、随分と長い旅をしてきました。

長い旅で持ち物も増え、さまざまな景色も観てきましたが、やはり旅の最後は、お気に入りの小さな椅子だけで充分です。そこに座って、いま、一番好きな風景と、これまで好きだった風景を思い出して、ぼーっとするのは幸せだろうなと思えます。

座り心地の良い、悪いは、人によって違います。軽くて持ち運びができるモノが心地良い人、肘掛けのついた重厚なタイプがリラックスできる人など、椅子選びにも人生観が表われると思います。

人生が、「自分の座る椅子を見つける旅」ならば、どんな椅子が座り心地が良いのか、いろいろと座って確かめてみることも大事です。

自分の居場所は、自分が決めるのです。

お気に入りの小さな椅子ひとつだけを持って、困っている人がいたら、すぐに駆けつけて、腰をすえてじっくりと話が聞ける。

そんな旅の終わりもいいなと思っています。

Way of Life Called
Minimum Rich

Lesson 2

自分ファーストで持ち物を決める

本社がイタリアのブランドで働いていた私は、当時、イタリアの高級家具に憧れていました。

ガラス天板の大きなリビングテーブルや、天井の近くまである高さのスタンドタイプのランプなど、頑張って手に入れたものの、結局、それらは手放すことになりました。

ガラス天板のリビングテーブルは、狭い部屋でも圧迫感がないと思っていましたが、大きくて扱いづらく指紋も目立つため、私のイライラの原因となっていきました。

そして、照明は、地震のたびにゆらゆらと揺れるため、危険を感じて落ち着かなくなってしまいました。

それからというもの、家具は腰までの高さのモノ、ひとりでも動かせる重さや大きさのモノが望ましいと思うようになりました。

これは、高齢になってから、大型犬を飼う自信がない気持ちと似ているのかもしれません。

心地良く暮らすには、自分の体力や気力に見合ったサイズを見極めていく必要があります。

年齢とともに、エンジンも一回り小さくなった私には、扱えるモノの量も限られてきました。一回り小さくなった自分サイズに、暮らしを仕立て直していきます。

「手入れしてでも、長く使い続けたいモノか?」と、一つひとつのモノと自分のモノサシで向き合っていく必要があります。

モノを所有することは、お金も時間もエネルギーもかかりますから、安易に選んだり、いらないモノや多くのモノを所有することは、生きるエネルギーを吸い取られてしまいます。

まだ充分に、エネルギーがあるいまのうちに、暮らしを仕立て直しませんか。

その基準は、「自分ファースト」でいいのです。

「まわりの人が持っていても私は持たない」「これがいいと勧められてもNOと言える」「誰が何と言っても気にしない」。自分サイズがわかったいまだからこそ、心地良いサイズは、自分だけが知っています。

自分のモノサシで選んだ愛着のあるモノだけに囲まれている暮らしは安心できますし、

安心できるベースがあると、心の支えにもなります。

身の回りのモノを小さく仕立て直すことは、自分らしさと自由を獲得することです。

扱いづらいモノは、すっきり手放して、自分ファーストの小さな暮らしを始めましょう。

Way of Life Called
Minimum Rich

Lesson 3

家の玄関には「ゴールデンゲート」がある

家の中にある多くのモノは、「あってもいいけど、なくてもいいもの」です。

どうして、こんなどうでもいいものが家にたくさんあるのかと、ため息が出ます。

まずは、「モノを安易に家に入れない」と決めることから始めます。

話題の100円ショップをウロウロしていると、「あってもいいな」と思うものばかり。安い！　便利かも！　と思って次々に手に取っていくと、たとえ100円でも積もり積もって3000円近くになっていました。そして、気に入ったものは100円ではなく、500円だったということも。

低価格のショップは、1人当たりの購入数が多いから商売が成り立っていることを忘れてしまいがちです。

一方でハイブランドショップは、1人当たりの客単価が高いので、お客様はじっくりと吟味して買われます。私は、お客様の「安易に買わない姿勢」を間近で見てきました。

お金持ちだと思われている方ほど堅実で、無駄な買い物をしません。

納得するまで、見て、着て、何度も手に取ってから購入されますし、時間をかけて選ぶことは当たり前でした。

それを思い出し、100円ショップでも、レジに行く前にもう一度立ち止まって、「これって、本当に必要?」と、自分に訊いてみます。そして、「迷ったら買わない」と決めます。

家の玄関には、「ゴールデンゲート」があると想像して、「これは、あのゲートをくぐる価値があるか?」と、常に精査することが、「安易に家に入れない」ことにつながります。

「ゴールデンゲート」の通過基準は、「いま、必要か」と「お気に入りかどうか」です。

そして、家にある「あってもいいけど、なくてもいいモノ」を集め、箱に入れて、いったん、見えないところに置いておきます。きっと、永遠に、この「2軍箱」から出すことはないでしょう。私も衣替えの季節や年末の大掃除時期に、この2軍箱を開けて、一つひとつ取り出してみます。

「あ、このカーディガンがあったな」と、また1軍のクローゼットに復活させても、やっぱり一度も袖を通すことなく、2軍箱に逆戻り。2軍箱の中は「高かったなと思うブランド品」「あのとき着ていた思い出の品」「友人からもらったお祝い品」など、長く生きてくると、思い出の品は溜まるばかりです。帰ってこない時間への執着もあります。

けれど、この執着こそが、モノが捨てられない大きな要因です。

執着を捨てるには、「えいっ！」と覚悟を決めることです。誰もが、思い出のモノとの記憶、きらきらと輝いていた時代が懐かしく、モノを見ていると、あの頃の気持ちが蘇ってくるのではないでしょうか。

けれど、時間は確実に流れています。それらのモノとは、「いまの自分には、もう似合わない」と決別する決心が必要かもしれません。

執着を捨てることは、いまの自分を最高値に更新するためです。前が見えないときほど、捨てること、手放すことで見えてくるものがあります。

私は「未練が残る」と思うモノは、手放す前に写真に撮って、スマホの中に保存することにしました。

懐かしい風景のように感じられるこれらの写真は、思い出の1ページとして自分を癒やしてくれます。

過去への執着や未練は断ち切る、けれど思い出は心の中に大切に仕舞っておく。

そんな潔さが、また、明日を向こうという気持ちの源になるのではないでしょうか。

Way of Life Called
Minimum Rich

Lesson 4

修理をしながら長く使えるモノを優先する

先日、TVで、傘の老舗店の取材番組を観ました。1本1本、手作業で作られ、職人さんの名前のラベルが取り付けられた傘は、修理の際、同じ職人さんの手で、また修復してくれるのです。10年以上、この店の傘を愛用しているお客様が次々と修理を依頼され、美しく息を吹き返した傘の花が見事に咲いていく光景を見てうっとりしました。

まるで、エルメスのバッグのようだと思いました。

エルメスのバッグにも一つひとつに職人さんの番号が書いてあり、同じ職人さんが修理をしてくれます。

エルメス本店の隅で、高く積み上げられた、修理を待つ傷だらけのバーキンの山を見たことがあると、お客様から聞いたことがあります。

フランスのマダムは、人生に3つのバッグしか持たないという話もしてくれました。20歳のときに、お婆さまから譲り受けたバッグを20年使い続け、それを40歳で修理に出し、新しいバッグを買う。修理から帰ってきたバッグは娘に譲り、60歳で20年使ったバッグを孫に譲り、また人生最後に持つ新しいバッグを買う。

エルメスの革のバッグは圧倒的に上質で丈夫です。最高級といわれるゆえんはこんな風に3代にわたって、修理して長い間使えるからなのです。

家族の思い出や歴史、さまざまな思いが刻まれるプライスレスな逸品になるでしょう。

消費サイクルが早い昨今は長く使って傷んでも、修理を受け付けてもらえるメーカーは少なくなってきました。

「パーツがご用意できません」「違うパーツをつけることはデザイン変更になってしまいますので、お受けできません」「新しいものをお買いになることをおすすめします」と言われることも多いのです。

トレンドサイクルも早く、修理したいときにはパーツがなくなり、廃番扱いになっています。

一方で、SDGs、エコの意識は高まってきて、ユニクロではリサイクルされた服の販売が注目されています。

リサイクルに出せるモノを安く買って着回していくか、少々、値が張っても、修理が可能なモノを長く使っていくか、アイテムによっても見極めていく必要があります。

安い家具を買って、結局、粗大ゴミに出すことになるなら、労力もコストもかかりますし、捨てる罪悪感もつきまといます。やはり、友人や子どもに譲っても、喜んでもらってくれて、大事に使ってくれるものを選びたいと思うのです。

自分がいなくなってから、膨大ないらないモノや、重い家具を捨てる労力を家族に強いることになるなら、やはり安易に買うことは避け、処分すべきものはいま捨てなければと、重い腰も上がるのではないでしょうか。生きてきた証としてあとに何を残すかは、有形無形ともに重要で、できれば価値のあるものを残していく。それも、大人の役目ではないでしょうか。

Way of Life Called
Minimum Rich

Lesson 5

あたたかみのある空間でくつろぐ

古い道具屋めぐりが好きです。東京の目黒通りには、アンティーク家具のショップがたくさんあり、見ているだけでも店に充満している空気に癒やされます。古い道具には、歴史や文化の匂いがして、時間の経過で磨かれた味わいや優しさというオーラをまとっていますから、そのオーラに、落ち着きやあたたかみを感じるのかもしれません。

2023年、神宮外苑の森の木の伐採を伴う、再開発が話題となりました。先人たちが守ってきた木を伐採し、新しい商業施設の入る高層ビルが建設されることは、賛否両論あると思います。

スクラップ&ビルドが日常の東京ではいたるところで街の再開発が行われ、思い出の詰まったあの駅も慣れ親しんだ商店街も壊され、新しい顔へと様変わりしていきました。老朽化したものを再生していくことは大事ですが、どこも同じような高層ビルが建ち、同じチェーン店が入り、同じような街になってしまうことは、何だか味気ないなと感じます。

いまでは、もう、作ることのできない貴重なもの、文化や味わいは残しながら、新しいモノと共存して、統一感があるように生まれ変わることができればいいのにと願います。

部屋も同じで、古い家具と新しい家具とは色味を揃えるとまとまりが出ます。私は濃い目の木の色が好きなので、家具の色を落ち着いた焦げ茶に統一すると、古い道具とも馴染みます。新しいものと古いものを共存させることで、心のバランスも取れるような気がしています。

また、部屋の雰囲気を決めるのは大きなスペースを占める床と壁、そして窓です。自分の暮らしたいイメージと合っているかどうかを選び抜くことが大事だと思います。細かいディテールは変更できても、大枠が持っているイメージは変えることができません。

自分の暮らしたいイメージをはっきり持つことで、心から安らげるあたたかみのある空間がつくれると思っています。

また、街の持つ雰囲気や匂いと、自分の求める暮らし方が合っていることも大事です。

私は、家賃とは、「その街の空気にお金を出す」ことだと思っています。

その街が持つ雰囲気や住んでいる人を含めて「暮らし」だからです。

文化が育まれてきた街には、代々続く、その土地に根付く象徴的なお店があったり、その店を愛する人たちの誇りを感じたりと、人々の思いや歴史の匂いに敬意を感じて、そこの一員として参加したくなります。

先人が長年、育ててくれた空気感の中、家までの道を歩くと、その空気を吸っているだけで誇らしい気持ちになるのです。

自分がほっとくつろげる色や思い入れのあるもので彩られた家に帰り、「今日もおつかれさま」と、部屋が迎え入れてくれると、それは明日への活力となります。そんな気持ちが日々の小さな幸せをもたらしてくれるのです。

Way of Life Called
Minimum Rich

Lesson 6

ちょうどいい安らぎが幸せ

自分の家が心からくつろげるのは、そこが安心な場所であるからです。「安心こそ、幸せ」ではないでしょうか。安心な場所でほっとできる時間は、幸せホルモンで満たされる気がします。

「ラーゴム」というスウェーデンの言葉があります。「多過ぎず、少な過ぎず、ちょうどいい」という意味です。モノも少な過ぎると寒々しい牢屋のようになってしまいますし、多過ぎると安らぐ場所にはなりません。

モノだけでなく、仕事量から食べる量、人との距離感まで、すべて「ちょうどいい」と感じられると、安心感があります。

長く生きてきてよかったなと思うことは、「私なりに精いっぱいやったな」「結果が出たことも出なかったことも半々くらい」「いいことも悪いことも均せばチャラ」と思えることです。白でも黒でもない、美しいグレーのグラデーションの空の下にいる感覚が心地良いのです。

精神的にも、「私は、これ以上でもないし、これ以下でもない」と等身大の自分をまあまあ好きになれると、肩のチカラが抜けてラクになれます。

暮らしもこの「ちょうどいい」を探して、足したり、引いたりを繰り返していきます。

まずは、小さく捨てて、小さく足して、結果、ダメでもOK。

小さなトライ&エラーを繰り返さないと、この「ちょうどいい塩梅」は体に染みこませることはできないでしょう。

絶妙な塩加減を知っている一流料理人も、最初は味気なかったり、しょっぱすぎたり、と試行錯誤だったのだと思います。傷まない範囲で、疲れない範囲での引き算を繰り返して、最後の最後に、ひとつまみの塩を、いい塩梅で振れるような人生を送りたい。


この「ちょうどいい」は、暮らしを楽しむ余白をつくります。

大切な時間の過ごし方や心の持ち方は、この「ちょうどいい」というグレーの空の下で、自然と深呼吸できること。幸福感や充実感は、「ちょうどいい」やわらかさに包まれることではないでしょうか。

Way of Life Called
Minimum Rich

Lesson 7

定番の美しさと信頼感

先日、ふらっと京都へ出かけました。

古い街並は、歩いているだけで癒やされます。

東京のタワーマンションのように、近代的で圧倒的な外観の美しさでゴージャスさを誇る建物とは正反対の伝統的な日本の住居が立ち並びます。一見、地味で大きく目立つものはひとつもありませんが、すべてが調和していて、住み心地の良い匂いがします。五感を使って生活しているような豊かさを感じます。

のれんをくぐり、「ただいま」と、いつもの常宿へ。季節の花が出迎えてくれて、障子や湯飲み茶碗など、細部にまで丁寧なしつらえで、心を満たしてくれます。

廊下は、いぶし銀のような重厚さがあり、時間の経過で磨かれた独特のオーラを踏みしめながら歩きます。

京都には、何百年も続く老舗がたくさんあり、伝統的な定番の道具を見てまわるのが好きです。プロも通う工房で、美しい調理道具を手に取ると、感動につつまれます。

本当に良いものの美しさに心が震えるのです。

長い間、多くの人に愛されてきた定番の信頼と品格は、昔の良き価値観を思い出させてくれます。竹製のざるや銅製のやかんなど、郷愁や安心感を覚えます。

どんどん便利、機能的になって、時短や効率が重視される暮らしの中で、長い間、使われ続けてきた昔の道具は、頑丈で質が高く、心をあたため、日本人の根っこにあるものを癒やしてくれます。

急ぎ過ぎていると思ったら、すこし立ち止まって、振り返ってみませんか。

昔の美しい道具が、便利を求め過ぎてなくしたものを思い出させてくれます。

Way of Life Called
Minimum Rich

Lesson 8

お金で買えないものの豊かさ

ある時、そろそろ冬支度をと、冬用の羽根布団を引っ張り出したところ、いつものふわっとした軽さがなく、重くなったように感じました。

20年以上、使ってきた羽根布団は、クリーニングに出したり、陰干しをしたりと、念入りに手入れをしていたのですが、さすがに経年劣化して寿命が近づいていたのです。

この布団は嫁入り道具として、母が買ってくれたモノでした。もし、お金に苦労するようなことがあっても、寒い思いはしないようにという親心だったのだと思います。

あらためて、質の高いマザーグースの羽毛が90%以上入ったこの布団のありがたさを実感したのです。長い間、変わらぬあたたかさを羽毛からも母からもいただきながら眠ってきたのだと感謝しました。

眠りの質は、健康に大きく左右しますし、眠っている時間は、人生の3分の1を占めます。

若い頃は、布団なんて何でもいいと思っていましたが、この軽さとあたたかさは、何にも代えがたい価値のあるものだと感じずにはいられませんでした。

幼い頃、近所の商店街にあった呉服屋さんの布団の展示会に祖母と行ったことを思い出しました。「友の会」のようなものがあったと記憶しています。呉服屋さんに掛け金をプールしていって、展示会で布団を買うのです。布団は、昭和の時代、高級品だったのだと思います。

昔の人は、どこにお金をかければ、暮らしが豊かに感じられるかを、わかっていたような気がします。

戦時中の闇市でも花が売れたと聞きますし、決して裕福でなかった祖母の時代も、布団だけは質の良いものをと考えていたのだと思います。

羽根布団は、「打ち直し」といわれる修理ができます。中の羽毛まで洗浄して、もとのふわふわの状態に戻すことができるのです。

この打ち直しは、新しいものを買うくらいのお値段なので、新しいものを買おうかと迷いました。羽根布団の古いものは、捨てずにリサイクルに出すこともできるので、エコにもなります。

けれど、母の愛情が詰まった、この布団は、やはりもう一度、命を与えてもらい、一生、使い続けようと思いました。

この「打ち直し」の技術も大事な文化ですし、職人さんを応援したい気持ちもありました。職人さんの手で、また、息を吹き返し、ふかふかに蘇って帰ってきた布団は、この先も私に癒やしと安らぎを与えてくれると思っています。

心身ともにボロボロに疲れた日も、深いため息しか出ないような夜も、この布団に包まれると、心底ほっとします。

お金を出しただけでは買えない、このあたたかい寝床があるだけで、私はとても幸せだと思えるのです。

「お気に入り」と
暮らして
小さな彩りを
つくる

自分らしい
「いま」の見つけ方

Chapter 2

Way of Life Called
Minimum Rich

Lesson 1

マイ・フェイバリット・スペースをつくる

「人生を心軽やかに小さく暮らす」ために、あなたの暮らしの彩りとなる「お気に入り」を探すことは、「自分探し」でもあります。

それは、一脚の椅子でもランプでも、ティーカップでも構いません。
それが、あなたらしい「いま」を彩ってくれる、最高のギフトです。

考えてみれば当たり前に「今日」があることは、奇跡なのです。
その奇跡である「いま」を生きているあなたに、最高のギフトをあげましょう。

「いま」が「ギフト」だと言ったのは、作家のアリス・モース・アールです。
ルーズベルト大統領夫人のスピーチで有名になった言葉、

Yesterday is history.
Tomorrow is a mystery.

Today is a gift.
That's why it's called the present.
「昨日は歴史、明日はミステリー、今日はギフト、だから今日をプレゼントと呼ぶのだ」

いまを大切にする気持ちを、自分へのギフトに込めませんか。

そのギフトを飾るスペースが、あなたのフェイバリット・スペースとなります。このスペースをつくると、自然とそのまわりは、「きれいにしておきたい」と思う気持ちが湧いてきます。「いまを大切にする気持ち」が育まれるのです。

私は、「掃除しなくては……でも面倒……」と思うとき、花を買って帰ります。一番先に花を飾ると、「この花に見合うような部屋にしよう」と、掃除モードにスイッチが入ります。きれいに整った部屋で咲く花は、とても嬉しそうで、私も嬉しくなるのです。

自分のいまの暮らしを好きになるには、

①お気に入りのギフトを選ぶ
②ギフトを飾る「フェイバリット・スペース」をつくる
③ギフトのまわりの「きれい」をキープする

まずは、小さな範囲からでいいのです。
ギフトを飾るお気に入りの一角を決めて、「いま、ここで生きる自分」を大事にしてあげましょう。

Way of Life Called
Minimum Rich

Lesson 2

大事なものを守る
余白をつくる

余白とは、部屋にも心にも必要な大切なスペースです。

お気に入りのギフトがある部屋の小さな一角だけでいいのです。何も置いていないスペースをつくりましょう。

私は、ベッドルームにあった本棚やラックを処分して、ベッドだけの部屋にしたら、「余白のある空間」に気持ちが休まりました。部屋も心もひとまわり広くなった感覚になったのです。「余白のある空間」は、心地良い暮らしには欠かせないものです。

ある人は、「昔の日本家屋には、軒先や縁側など、家にも余白があった」と言いました。

確かに、軒先や縁側は、外と内の中間のような役割で、外の空気も中の空気も感じられる、バランスを保てるような中和の場所だったのかもしれません。

軒先で立ち話をする、縁側でぼーっとするなど、外と内の境界線にあたる余白のような場所は、いわば大事なものを守るクッション材の役目を果たしていたのです。

私たちも自分の内にある「心」という大事なものを守るためにも、心にもクッション材のような余白が必要なのかもしれません。

外から不用意に降ってくるダイレクトな言葉に傷つかないためにも、「ま、しかたないよね」「そんな日もあるよね」と、やんわりと受け止めて流せるための余白のスペースです。


心にもそんな余白をつくるためにも、ぎゅうぎゅうに詰め込まないことです。

私たちの心の奥には、大事なものが眠っています。

ぎゅうぎゅうにしてしまうと、それが疲れたり、痛んだりします。

引っ越しのときを思い出してください。大事なモノ、繊細なモノはよりていねいに何重にもクッション材を巻いて、壊れないように、割れないようにするはずです。あなたの家や心に、余白をつくりましょう。

余白こそが、人生で必要なクッション材なのです。

Way of Life Called
Minimum Rich

Lesson 3

手放すことで人生が動き出す

「捨てることが苦手」という人は多いと思います。

「ものを大切にしなさい」と教わってきた私たちは、捨てること自体に罪悪感があるのではないでしょうか。

「ブランドものだし、結構高かったな」「色は褪せているけど、まだ1〜2回は着られる」と、迷ったときは、「もったいないから、やはり捨てずに置いておこう」と考えがちです。

捨てようかと迷っているときは、必ず「捨てない理由」を見つけるものです。

新しいことを始めようかと迷うとき、「始められない理由」を考える方が簡単ですし、いくつも思い浮かぶことと似ています。

しかし、このまま捨てずに置いておく方が安心かといえばそうではなく、捨てられないモノと捨てられない思考を抱えて、いつまでもその場所に停滞することになります。

捨てられない、やめられない習慣は、人生をも停滞させていく原因となりうるのです。

「どうでもいいもの」を置いておく家の賃料の方が、はるかに高いのではないでしょうか。

「もったいない」のは、捨てるという行為ではなく、大事なスペースに、どうでもいいものを置いておく方がはるかに「もったいない」のです。

これからの人生を考えたとき、「停滞させないこと」が未来を切り開きます。

心地良く暮らすためには、何が本当に「もったいない」ことなのかを考え直すことが大事かもしれません。

いらないものを手放し小さく暮らすことは、不安を払拭し、前向きに自分の人生を動かしていく、きっかけとなるのです。

Way of Life Called
Minimum Rich

Lesson 4

「捨てる」というより、「選ぶ」意識

「推し活」がブームになりました。

自分が夢中になれるものがあることは、とても幸せですよね。「夢中」という状態は、人生でも最強の状態ではないでしょうか。何かに夢中になっているときの自分の波長を覚えていると、それ以外の波長のものの違和感を察知できるようになりますから、「違うな」「いらないな」と判断できる選択軸ができるのです。

ある人は、「推しが生きる理由になる」と言いました。

「推しはいない」という人も、暮らしの中の小さな「推し」である「ワクワクするもの」を探してみませんか。

「ワクワク」を、人生の中心にするのです。「ワクワク」を中心にすると、その外にあるものは、ゆるやかに外れていきますから、焦ることはないのです。

「必要以上に我慢しない」「人に合わせすぎない」「違和感を無視しない」。

自分ファーストで、ワクワクしましょう。

「この音楽を聴くと元気をもらえる」「このスイーツが私のご褒美」など、小さなワクワクできるお気に入りを、少しずつ集めていきます。

「一つひとつの幸せは小さくても、寄せ集めれば生きる理由になる」というＴＶドラマの台詞がありました。

毎日、めげることや、思うようにいかないことはたくさんありますが、「ワクワクする自分で生きる」と決めることで、ワクワクする自分を中心に生きていく選択が、すべてに対して発動できるようになります。

ある年の始めに、尊敬する女性社長が、「今年は心が震えるような仕事しかしない」と言うのを聞いて、「凄いな。だけど、それは到底無理」と決めつけていました。

けれど、その言葉がずっと心に残っていたのです。とにかくスケジュールを埋めることに必死になり、そのスケジュールをただ、ほうきで掃くように、こなしていただけの数年間だったことに焦りがありました。「本当に、このままでいいの？」と。

この言葉がきっかけとなり、徐々にですが、ワクワクしない仕事を手放していけるようになりました。

いま、無理に「捨てよう」「手放そう」としなくとも、「やっぱりいらないな」という選択ができるタイミングは必ずやってきます。

仕事だけでなく、気の乗らない飲み会や、モヤモヤする人間関係などを続けていると、違和感だらけの人生になっていきます。いらないものに囲まれていると、大切なものから縁遠くなって、本来出会うはずのものからも遠ざかっていきます。

捨てられないもの、手放せないことから解放されたとき、自分のことが少し好きになれます。

それは、本当の自分で選択したことで、人生が主体的に動き出すからです。

ジブリの映画でも、主人公はじっと止まっていることはありません。自分で決めて行動するから、物語は活き活きと輝き出すのです。

Way of Life Called
Minimum Rich

Lesson 5

いまの心の景色だけを見る

「捨てることができない」「決めることができない」ときの心の景色を見てみましょう。

その景色は、「いま」でないことが大半です。

「いつか、使うかもしれない」は未来の景色ですし、「高かったし、似合うと褒められたな」は、過去の景色です。


ある夏の日、私の家の冷蔵庫が突然、壊れました。

冷蔵庫の選択期限は、待ったなし。食品が傷むから、明日にでも新しいものを選んで購入しなくてはなりません。しかし、結構大きな買い物ですから悩みました。

普段から、電気製品の情報を収集していた訳でもなく、「こんなものが欲しい」という明確なイメージもなかったのです。

「将来、引っ越すかもしれないから、どんなインテリアにも合う白にしようか？」とか、「この大きさは必要なくなるかもしれないから、もっと小さくてもいいかも？」など、悩み出したら、眠れなくなってしまいました。

いまと同じものを買おうかとも思いましたが、すでにモデルチェンジしていて、同じものは見つかりません。機能も、この10年で驚くほど進化していました。

家電量販店で1時間近くウロウロと歩き回りながら、やはり決められず、お茶をしながら、あれこれと悩みました。悩んだ末、「いま、一番欲しい」と思うものにしようと決めたら、すんなりと選ぶことができました。


「もしもあなたが落ち込んでいるなら、あなたは過去に生きている。

もしもあなたが不安なら、あなたは未来に生きている。

しかし、もしもあなたが平和なら、あなたはいまを生きている」とは、老子の言葉です。


まずは、「いまのお気に入り」を選びましょう。そのお気に入りが、これまで頑張ってきたあなたへのギフトです。

そのギフトは、あなたに「平和」をもたらしてくれるのです。

Way of Life Called
Minimum Rich

Lesson 6

メンテナンスしながら心も整える

メンテナンスは面倒だと思うことも多いのですが、埃を被っていたり、汚れたりしていると、みるみる運気が落ちていきます。

運は、きれいなところやご機嫌な人が好きだからです。

埃の被っていない家や心が、幸運を呼び込みます。


花の水を入れ替えたり、棚の上の埃を払ったりするとき、心の水も入れ替わったり、心の埃も払われているとイメージします。

曇った鏡を磨く、玄関の履き物を整える、ゴミを拾うなど、基本的なことが運をつくると体現してくれているのは、あの世界的スーパースターである大谷翔平選手です。

高校生のときに、目標である一流の野球選手になるために必要なことを書いたマンダラチャートが有名になりました。

運を掴むためにすべきこととして、この8つが書かれています。
①あいさつ

②ゴミ拾い
③部屋そうじ
④道具を大切に扱う
⑤審判さんへの態度
⑥プラス思考
⑦応援される人間になる
⑧本を読む

日常でできること小さなことばかりですが、こんな当たり前のことも、当たり前でない高いレベルで積み重ねることが運を掴むことになると、身をもって教えてくれています。

掃除は、瞑想くらい心に効くと言われますが、お気に入りのスペースを美しくキープすることは、仕事や人間関係で波打った水面が静かさを取り戻すようなリセット効果があると感じます。

日々メンテナンスをすることで、転んでも、また立ち上がるしなやかさを育むことができますし、そんなトライ&エラーを繰り返すことのできる軽やかなマインドは、これからの風の時代に必要なことかもしれません。

新しいことが次々と、すごいスピードで風のようにやってくるいま。その風にうまく乗ったり、逆風をうまくよけることも必要になってきます。

そんな変化に疲れてしまわないためにも、柔軟に対応するためにも、日々のメンテナンスで心をしなやかに、運を強くしていくことが必要ではないでしょうか。

時とともに花も枯れますし、埃も溜まります。それを嘆くだけでなく、また新しい気持ちでメンテナンスして整える。

そんな繰り返し、整える毎日の暮らしが、折れにくい心も育ててくれます。

Column

小さく暮らす人が選ぶ「長く付き合いたい本当にいいモノ」

1

ルイス・ポールセンの照明〜PH5

昨秋、東京、南青山三丁目の交差点に「ルイス・ポールセン」のニューショップがオープンしました。

このブランドのPH5と出会ったのは、もう30年以上も昔のことです。

北欧のインテリア雑誌で、1958年に発売されたこのランプを見つけました。

「照明は頻繁に買い換えるものではないから、一生モノを探すの」というお客様の言葉が、ずっと耳に残っていたので、安易に買わず、探し続けていました。

このブランドは、北欧の長い冬のおうち時間をあたためるため、長年愛されてきた定番です。

シンプルで飽きのこないデザインは、どんなインテリアにも馴染み、空間をスタイリッシュに演出してくれます。そして、何より光が優しいことに心が動きました。

家へ帰ったとき、あたたかく迎えてくれるランプは、あたたかな暮らしの主役です。外ですり減り、疲れた心を癒やし、修復してくれるのです。


このランプと出会うまで、照明は1部屋に1つだけ、天井に設置するものしか知りませんでした。

ダイニングテーブルの数十cm上まで、コードで垂らすように設置するタイプのものは、新鮮でした。闇と光のコントラストを生み出し、素敵なディナー空間を演出してくれます。

この照明ひとつで、「今日はどんな料理をつくろうか?」「お皿やランチョンマットはどれがいいかな？」といろいろと工夫する楽しみが増えたのです。まさに、暮らしに小さな灯りがともった瞬間でした。

光と闇ができることで、部屋全体に奥行きが出て、深みと落ち着きを感じます。闇があるから、光を楽しめる。

闇の中に浮かびあがる優しい光は、希望のように感じました。

夕暮れ時に、このショップの前を通ると、愛着のあるランプが、往年のスターのように神々しく輝き、外苑西通りを優しい光で照らしていました。

この交差点には、かつて、一世を風靡した青山ベルコモンズがありました。

都会の象徴のようなこのビルを見上げ、若い頃の私は、東京が持つキラキラした楽しさと、満たされない孤独の両方を感じながら、横断歩道を渡っていたことを思い出します。

時代は変わっても、この交差点は都会のエネルギーに満ちていて、洗練された風景のままです。

いまもお洒落をした若い人たちが、さまざまな表情で通り過ぎていきます。東京は光と闇の両方が行き交う場所。

心が冷たくなったとき、未来が暗くて見えないとき、優しいランプの光に、救われることがあります。闇があってこそ、光は輝くもの。闇は人としての厚みをも深めてくれるものと信じて、どんなときも、希望の光だけは、消さないでいたい。そんなことを思った年末でした。

ルイス・ポールセンの照明

PH5

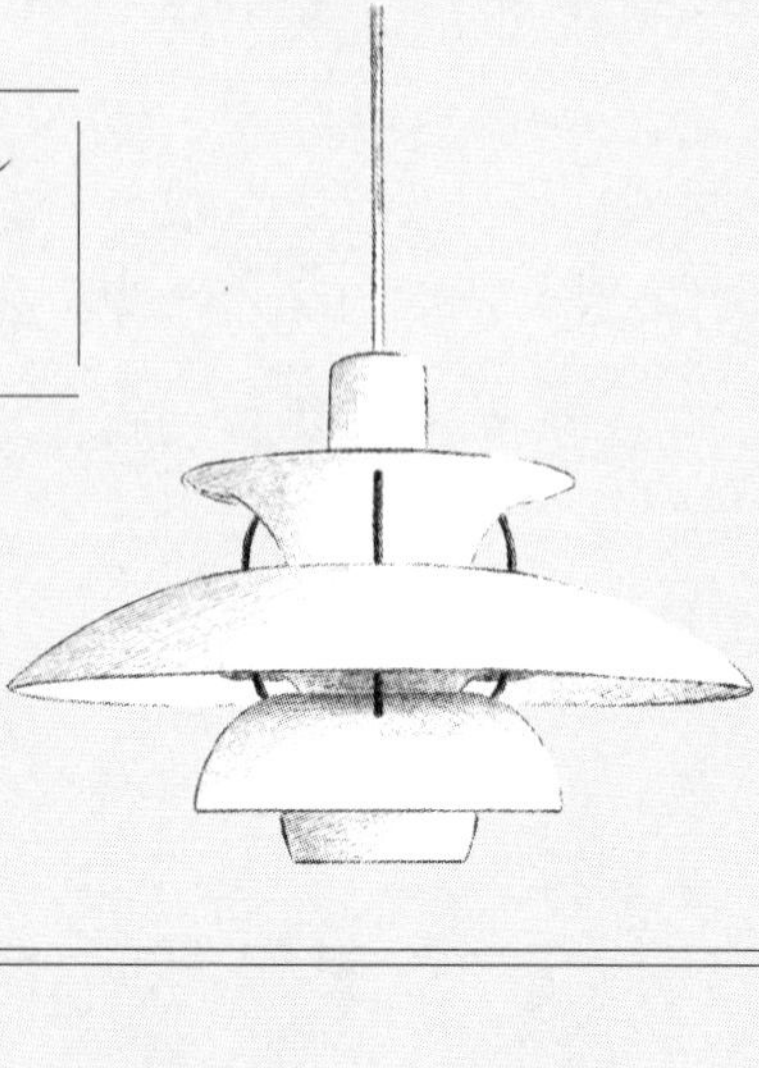

忙しくても心が整うシンプルなルール

お部屋をスッキリ見せるための簡単なコツ

Chapter 3

Way of Life Called
Minimum Rich

Lesson 1

玄関は運気の入り口

玄関は、その家の顔であり運気の入り口だと、あるお客様から教えていただきました。

外から、良くないものを持ち込まないよう、清潔に整えることを意識しています。

玄関の前にマットを置いて、靴底についている土や汚れをこすり落としてから中に入ります。

よく、「玄関に靴は並べず、片づけないと運気が下がる」とも言われますが、いきなりシュークローゼットにしまうと匂いや湿気がこもる気がするので、翌朝までは出しておきます。

「暮らしている人の数だけ並べてOK」というマイルールを決めています。

2人暮らしなら2つまで。4人家族なら4つまでです。

そして、翌朝、10秒で昨日の靴をさっと磨いてからシュークローゼットにしまい、常備してあるウェットティッシュで、たたきを軽く拭くとスッキリします。

これは、風水でも良いとされているようです。

また、浄化には塩が効果的だと思っていて、「何だかついてないな」「流れを変えたい」と思ったときは、掃除をしたあと、盛り塩をします。

盛り塩の由来は諸説ありますが、古事記では、黄泉の国から、イザナミノミコトが帰った際に、海で禊ぎをおこなうことにより、穢れを祓ったという話があり、海水の塩が邪気を祓う効果があるのではと言われているのです。


粗塩が良いとされていて、毎年、伊勢神宮に参拝に行った際、外宮前で80年にわたり神祭具を扱ってきた「伊勢 宮忠」で購入しています。

実際に効果があるかどうかということより、気持ちの問題かもしれません。

「盛り塩を置くなら、清潔な場所に」という掃除のスイッチが入るのです。

良いものも悪いものも入ってきやすい玄関は、マイルールを決め、清潔感を保つスイッチを入れることで、気分がスッキリします。

Way of Life Called
Minimum Rich

Lesson 2

らくらく掃除で整うリビング

リビングには、極力モノを少なくして、ササッと床をモップで掃除できるとストレスが溜まりません。小さな箱に小さなハンディモップとカーペットクリーナーを入れておいて、埃が気になったら、すぐに拭いたり、コロコロするだけのらくらく掃除です。

ハイブランドの靴や小物を買うと、素敵な箱に入れてくれますので、小さな掃除道具は、この箱に入れて置いています。素敵なものは、箱まで素敵なので、並べておくだけで美しいのです。

また、リビングのラグの上ではゴロゴロしたり、ゆったり過ごしたいので、家具やモノを置かず、広々と使えるようにしています。

リビングは、いかにモノを置いていないスペースがあるかが、心の余白にもつながると思っています。

らくらく収納には、フローリングと相性のいいカゴが、やはり便利です。

カゴは、置いてあるだけでお洒落に見えますし、放り込んでおけば片づいているように見えますから、とても便利です。用途別に、大きさや形の違うものを置いています。

「とりあえず」、「ササッと」など、手間をかけず、気づいたときにやる「ちょこちょこ掃除」の方が気も楽です。

「掃除をしなくちゃ」と思うと億劫ですし、大掃除は体力的にも疲れるので、日々、小さく続ける方が、小さな暮らしには、合っていると思います。

少しの手間で、心地良く暮らすためには、「らくらく&ちょこちょこ」が便利です。

Way of Life Called
Minimum Rich

Lesson 3

キッチン道具は少数精鋭

キッチン道具は、すぐに手に取れる高さに置いておくのが、ストレスなく、使いやすく便利です。届かない高さの棚にはモノを入れていません。

また、便利グッズや、年に1、2回しか使わないような道具は、持たないようにしています。

よく使うお玉やフライ返しなどは、いちいち仕舞わず、吊しておきます。洗ったら吊すだけなので自然と乾き、拭く手間がありません。

調味料も小さいサイズのモノを買うことで、場所も取らず、実はコスパもいいのです。お得用サイズの方が、コスパがいいと思って買っても、使いきるまでに時間がかかり、風味も落ちてしまいます。結局、捨てることになってしまうことも多かったので、使い切りサイズを選ぶことにしています。

作り置きはしないので、タッパーも大、小のふたつ。中は、必要ありません。

食器も、いつも使っているモノ、使い勝手のいいモノは引き出しの中に収まる程度。1軍は決まっています。

1カ所だけ、ガラス戸の中に、お気に入りのグラスやカップ&ソーサーを飾る場所をつくっていて、気分を変えたいときは、そこから出して使います。

とっておきのスイーツを買ってきて、カフェ風にセッティングしたり、この棚の中だけは、ちょっと特別な道具を入れます。

冷蔵庫も詰め込みません。冷蔵庫の中も食材を置く位置を決めておくと、何があって、何がないかが一目でわかります。

詰め込み過ぎないことは、食品ロスを防ぐことにもなりますし、いまある材料で何が作れるか、料理サイトを見て考えたり、工夫することにもつながります。

冷蔵庫の中は、エコストアの「マルチクリーナースプレー」で、汚れたらさっと拭き掃除。何も置いてない空間が多い方が、ストレスなく掃除できますから、衛生的です。

そして、このクリーナーは、コンロやシンクにも使えます。

エコストアの商品は、見た目もスタイリッシュ。台所洗剤もエコストアのものを使っています。気分の上がるパッケージのモノを選びます。

クローゼットもキッチンも同じで少数精鋭。安易に買わず詰め込まないで使うと、気持ちにも暮らしにも余白が生まれます。

Way of Life Called
Minimum Rich

Lesson 4

トイレ掃除で暮らしの浄化

玄関が運気の入り口なら、トイレは、出口と言われています。

家の中は循環させてこそ、新しい運気が満ちてきますので、入り口と出口はきれいにして、気も風も水も通りやすくします。

汚れに気づいたら除菌シートでさっと拭く、泡タイプの洗剤をさっとかけておくだけでも違います。できるだけモノを置かず、シンプルに徹することで、掃除もしやすくなります。

昔はマットを敷いたり、ペーパーホルダーにカバーをかけたりしていましたが、洗う手間を考えると、何も置かず何もつけず、除菌シートでマメに拭き掃除をする方が清潔だと思うようになりました。

何も置かないと殺風景になりがちですが、友人宅では、壁紙を好みのものに張り替えたり、トイレットペーパーにマリメッコのウニッコ柄の紙ナプキンを巻いてディスプレイのように床に置いたりしていました。

これだけでお洒落度は高いですから、他はシンプルで十分です。小さい空間なので、自分の好みを大胆に展開できる空間だと思いました。

私は、小さな花器を置いて、サブスクで届く花を飾っています。届いたら、そのまま花器に差せばいいだけなので便利です。

やはり、お花のあるところは綺麗にしたいと思うので、トイレにこそ、花はピッタリだと思っています。

Way of Life Called
Minimum Rich

Lesson 5

洗面所は色と香りを統一

洗面所には収納が少ないため、キャスター付きの棚を置いて、よく使う日用品を収納しています。見せる収納では、どうしても生活感満載となってしまうので、色をモノトーンで揃えるとスッキリ見えます。

Aēsop（イソップ）のハンドソープやエコストアのランドリーリキッドなど、ブランドを決めてしまえば、香りも暮らしをワンランクアップさせてくれます。

タオルも白、グレー、ベージュと使う場所ごとに色を固定すれば、収納も美しくみえます。

また、歯磨きのときに砂時計を使って砂が落ちきるまで磨くようにしたら、バタバタとしているときでも気分がいったん落ち着き、行動できるようになりました。

洗面所の象徴のような砂時計が、「余白をつくって」「急がば回れ」と教えてくれるのです。

やはり、美しいものには存在価値があります。

洗面場は、家から外への準備を整える場所でもあり、また、洗濯機置き場でもある家事の場所なので、どうしても雑多となることが多いのですが、色や香りで、目や鼻から気分を上げたり、象徴的なモノやこだわりのモノをひとつ配置するだけで、少し雰囲気が変わります。

掃除は、水だけでスッキリ汚れが落ちるメラミンスポンジで、日々、軽く磨きます。

水回りをキレイにできる人は、自分のメンテナンスも日々、できているイメージがあります。お客様がおっしゃっていた「水回りがキレイだと健康になれる」というのは、その通りなのかもしれません。

色は、白を多めにすると汚れが目立ちますが、掃除はしやすくなります。

清潔感を保つには白が最強です。

Way of Life Called
Minimum Rich

Lesson 6

浴室は美容部室

浴室は、美容のための部屋でもあるので、やはりキレイにしておきたい場所です。

浴室には湿気がたまりやすく、湿気がカビや汚れの原因となるので、水気がなくなるまで換気扇はつけっぱなしにしています。

そして、床にシャンプーやボディソープなどの容器を置くと、底がヌルヌルしたり、黒くなるので、あるときから、床に置くのをやめて、「銭湯スタイル」に変えました。

洗面台の下に、洗顔フォーム、シャンプー、コンディショナー、ukaのスカルプブラシなどを入れたカゴを置いておき、入るときに持ち込みます。

シャワーヘッドも美肌効果の期待できるものに変え、週末は美顔器なども持ち込み、ゆったりと美容時間を過ごします。

掃除は、天井の水滴を拭き取ることで、カビを防ぎます。天井のカビは、浴室全体にカビが広がる原因となるそうです。

また、鏡は「茂木和哉」という秋田の温泉生まれの水垢用洗剤を使って磨くと水垢がきれいに取れて、ピカピカになります。

浴室掃除は、入浴のついでにする方が効率的。スポンジやクリーナーはトレイに、ブラシなどは、タオル掛けに吊しておきます。

湯船は、スプレー式の浴室用洗剤を吹きかけ、洗い流します。

また、古くなって使わなくなったシャンプーで床をこすると、いい香りが漂います。

浴室は自分の「キレイ」の意識を磨くためにも常に「キレイ」をキープしておきたい美容部屋です。

Way of Life Called
Minimum Rich

Lesson 7

寝室は一番シンプルで質の高い場所

寝室のこだわりは、ひとつだけ。「ベッド以外、何も置かない」ということです。ベッドだけがあることで、「寝るだけの場所」と脳にインプットできる気がするのです。もちろん、ベッドもシンプルなデザイン、そして、シーツなどの面積の広い寝具も無地の落ち着いた色を選びます。

シーツは、シルクや麻も高級で憧れますが、やはり自宅で洗濯しやすい上質な綿が、長く愛用できます。

クリーニングに出すより、太陽の光をたっぷり浴びて、太陽の匂いがするシーツで眠るときの幸福感は、自然の恵みを感じて、感謝とともに深い眠りにつけます。

そして、健康をも左右するのは、枕とマットレス。

長く使うものには、お金をかけるという哲学のお客様から、「寝ている時間は人生の三分の一、だから寝具にはお金をかけて正解よ」と言われて、「なるほど」と思いました。

広尾のショッピングモールには寝具の専門店があり、専門的な知識を持ったスタッフに、枕の素材や高さのこと、マットの種類なども相談できます。

やはり、高いお金を払うものなので、素人判断せず、専門家に相談に乗ってもらうことも必要な分野だと実感します。

理想のホテルのベッドメイキングを真似て、朝起きたら、すぐにベッドメイキングをします。これも心が整う朝のルーティンのひとつです。

眠りは、健康のバロメーター。寝室が心地良ければ、人生の三分の一の幸せを手に入れたも同然なのです。

Column

小さく暮らす人が選ぶ「長く付き合いたい本当にいいモノ」

2 カルテルの収納家具～コンポニビリ

美しい収納法は、シンプルに暮らすためには欠かせないものです。生活に必要な細々としたものは、コンパクトに片づけたいですが、細々とした収納法は苦手なので、実用的で見た目も格好いい家具を探そうと思いました。

長年愛用している、Kartell（カルテル）のコンポニビリという収納家具は、円柱型のラウンドタイプで、とてもスタイリッシュ。ソファやベッドサイドに置けば、サイドテーブルにもなる収納家具の名作です。イタリアで生まれたカルテルは、プラスティック家具のイメージをスタイリッシュに、ゴージャスに変えたと思います。

私の愛用するコンポニビリもコンパクトで機能的。出し入れもしやすいので、洗面所に置いています。水に濡れてもさっと拭くだけでいいのです。

スライド式の扉がついているので、扉を閉めることで中が見えなくなりますからスッキリと片づきます。天板も広いので、鏡や時計などを置くことができます。

小さく暮らすには、「○○だけど、○○としても使える」といった、2つの役割を兼ねたものが理想です。けれど、そんな2つの役割を果たしてくれて、テンションが上がるくらいスタイリッシュなものは少ないのかもしれません。

「用の美」という言葉を思いだします。「使いやすいものは美しい」という意味です。使い勝手のよいものは、シンプルですし、余計な飾りはいっさいありません。

余計なものをそぎ落として辿り着いたシンプルなものは使いやすく、美しいのです。

「美しいけれど、使いづらいもの」は、世の中にたくさんあります。

とても魅力的ですが、お金もかかり、エネルギーも消耗していきます。手元に置いて

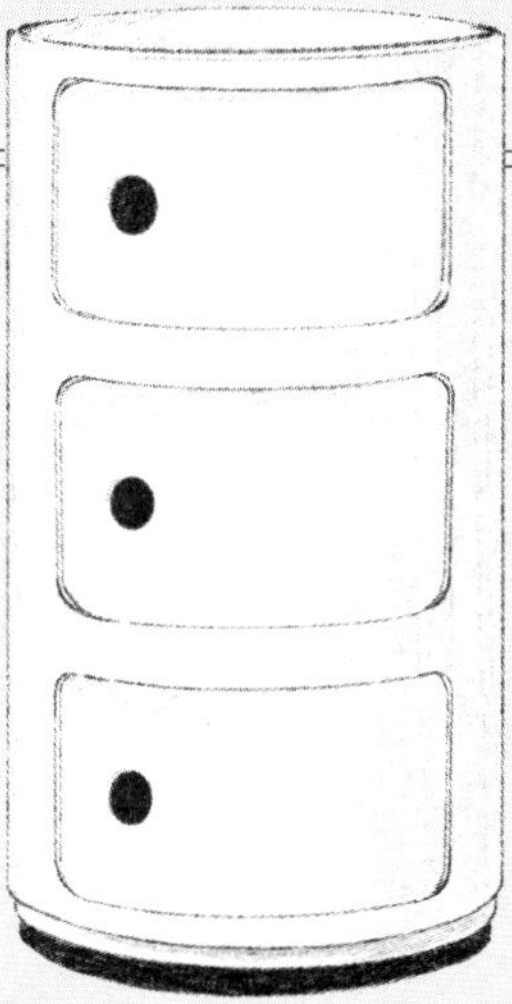

カルテルの
収納家具

コンポニビリ

おきたくても、結局、短期間で手放すことになるのではないでしょうか。

反対に「使いやすいだけで、ときめかないもの」も、長く愛することができません。

そんなモノが身の回りに増えていくと、「壊れていなければいい」「少々、汚れていても平気」「使えればいいから」と、手をかけなくなったり、心が動くことがなくなって、だんだんと生活感が滲み出てきます。

「用の美」は、収納だけでなく、どんなものにも当てはまる一流の指針ではないでしょうか。

人もシンプルで美しく、長く誰かの役に立てることが、一流なのかもしれません。

Chapter 4

心地良く暮らすために習慣の質を見直す

余白をつくる暮らしの小さな習慣

Way of Life Called
Minimum Rich

Lesson 1

「詰め込まない」毎日の習慣

小さな暮らしにシフトして良かったことは、モノも時間も気持ちも、「詰め込まない習慣」が身についたことです。

バッグもクローゼットも、2割の余白をキープします。

バッグに荷物をパンパンに詰め込むと型崩れの原因となって長持ちしませんし、クローゼットも、手が入らないくらいハンガーがびっしり並んでいると、いざ、着ようと出したスーツはシワシワ、アイロンをかける時間もなく、取り急ぎ着て家を飛び出したものの、何だか憂鬱な気分で1日を過ごすなんてことにもなりかねません。

バッグ

バッグの中に入れるものは、数を絞るだけでなく、大きさも選びます。

すべて「手のひらサイズのモノ」を選ぶ習慣で、2割の余白ができるのです。

バッグの中に入れる財布やコスメ、ハンカチ、ハンドクリームなど、すべて「手のひらサイズのモノしか入れない」と決めます。

バッグの中で大きくなってしまうのは、財布と化粧ポーチなので、いまより一回り小さいモノにします。

小さいポーチに入れるモノは、手のひらサイズのモノだけ。そうすれば、詰め込むことなく、余白ができます。

クローゼット

クローゼットに2割の余白をつくるには、まずは8掛けの量を把握することから始めます。

私のクローゼットは、目いっぱい入るハンガーの量は50本ですので、8掛けの40本に絞ったことで、余白ができて使いやすくなりました。

春夏物で20着、たとえばスーツ（セットアップ）3、ボトム3、インナー（ブラウスやシャツ）5、上着（軽めのジャケットやカーディガン）3、Tシャツ4、ワンピース2が目安です。同じように、秋冬物で20着、スーツ（セットアップ）3、ボトム3、インナー（ニットやブラウス）7、上着（パーカーやブルゾン、コート）5、ワンピース2などです。

ライフスタイルに合わせて、それぞれのアイテムの数を洗い出してみましょう。できるだけ、すべての洋服をハンガー掛けにした方が、何を持っているのかが一目でわかります。

手放すべき2軍候補が選べないときは、着たものを毎日、手前側に掛けていくことを習慣にしてみます。そうすると、ずっと奥に掛けたまま、着る出番のなかったものが2軍候補です。

スケジュール

スケジュールも安易に詰め込みません。気の乗らない飲み会や、安請け合いした仕事を入れてしまったために、本当に行きたい飲み会や、やりたかった仕事を断ることになったことはありませんか？　常に、チャンスが入る2割の余白をつくっておきます。

どんどん成功していったお客様は、スケジュールの半分は空けているとおっしゃいました。

チャンスは、急にやってくるからです。「明日の食事会、ひとり、急にキャンセルが出たんだけど来ない？」「来週からの香港の買い付け旅行、一緒に行かない？」などのお誘いに気軽に乗ってきたことで、チャンスを掴んできたからだとおっしゃいました。

なかなか、半分まで空けることはできませんが、時間管理は行動管理なので、「何をいつまでに」という優先順位と期限を決めることで、余白時間をつくることはできます。

家事も、衣替えや掃除などは、「この範囲だけやる」とか、「週末までに終わらせる」など、制限やデッドラインを決めます。

制限や期限があるから、その中でどうするかを考えるし、工夫もしますし、そこに収まるようにするためには、おのずと自分の価値観と向き合うことになります。

本当に大事にしたいこともはっきりしますし、捨てるもの、やめることがわかります。

いまの時間割が、未来を決めますから、大切な時間も詰め込まず、本当にやりたいことができる余白をつくりましょう。その余白が、チャンスや運が入るスペースになるのです。

年間

新しい年を迎える準備として手帳を買ったら、まず、1月1日に「今年やりたいこと」を書きます。「1年の計は元旦にあり」と言われていますから、必ず元旦に、計画を立てると決めています。毎年、手を動かして書くことで、脳にインプットされる感覚になります。

新しくやりたい大きな目標は、1年を4つのブロックに分け、1・2・3月で準備、4・

5・6月で実行、7・8・9月で振り返りながらもさらに前へ進み、10・11・12月で改善して精度を高めて、また次のフェーズへというイメージです。

春分の日、夏至、秋分の日、冬至は、運気の変わり目。プチ断捨離日です。気持ちの切り替え日としてプチ旅行をしたり、神社やエステで浄化、リフレッシュします。

そして、一番の楽しみである夏休みの予定は、真っ白な手帳に、一番先に入れます。アウトプットばかりでは、気持ちもスカスカになっていきますから、少し立ち止まってリセットする時や、充電期間を決めておきます。長く感じる1年も余白を先につくり、「ここまで走ろう」という景色が見えると、気持ちが上がります。

1週間

1週間の計画は、木曜日をゆるゆるデーにして、時間にも気持ちにも余白をつくります。

月、火、水と頑張ったら、木曜日は、ゆるい予定を組み、調整します。

朝をゆっくり目にスタートしたり、仕事を早めに切り上げて夜に楽しみな予定を入れたり、週末の計画を立てたりします。

木曜日は、冷蔵庫もガラガラですから、いつもとは違うスーパーに行って、週末の食材を買ったりします。

金曜日は、今週中までに目処をつける仕事があったり、来週の段取りを組む必要があったりして、余裕が持てないことも多いので、木曜日に一息入れて1週間にメリハリをつけます。

1日

毎日、やることはたくさんありますが、タスクでいっぱいいっぱいになると、ミスが多くなったり、ものの言い方がきつくなったりしませんか。

つまらないミスをして落ち込んだり、つい、声を荒らげてしまったりして、そんな自分に嫌気がさしたり、後悔したことがある方は多いのではないでしょうか。

「1日にやることは、5つだけ」と決めている人がいて、私も真似してみました。

手帳に朝、やることを5つだけ書き出します。

たとえば、①企画書作成　②お風呂掃除　③打ち合わせ　④ジムで運動　⑤夕食の買い出しなどです。

優先順位を決めて、5つだけ。それ以外は、無理に詰め込まず、明日以降に繰り越します。

けれど打ち合わせが長引いたりして、夕食の買い出しが無理なときは、ネットスーパーを利用したり、ジムに行くのが無理なときは、翌日の朝、早起きしてオンラインのヨガレッスンを受けます。

5つだけに集中して、それ以外の気になっていることは、いったん、明日以降に放り投げます。

どうしても7つになってしまったときは、別の日のタスクは、3つにするなどして余白をつくります。

仕事も家事も、どんどんと先延ばしにしてしまうこともあるのですが、気がつけば、「意外とやらなくても大丈夫だな」ということが増えていき、自然と手離れしていきます。

「やらないこと」を決めることで、「やるべきこと」「やりたいこと」に集中することができますから、量をこなすことに必死になるのではなく、一つひとつの質を上げることができます。

質を上げると、自分の人生を好きになれます。

2割の余白をふくらし粉にすることで、気分が萎まずご機嫌でいられるのです。

ご機嫌な人には、運も人も集まってきます。2割の余白をキープして、今日も明日もご機嫌でいましょう。

Way of Life Called
Minimum Rich

Lesson 2

「小さな財布」に変える習慣

お金は、「これがやりたい」と思った行動を後押ししてくれるもの。人が行動できないときの理由のベスト3は、「時間がない」「お金がない」「自信がない」だそうです。

ですから、お金を「行動できない言い訳」にしないように、どうでもいいことにお金は使わないと決めます。うっかりしていると、お金はどんどんなくなっていくものだからです。たとえば、10年後を見据えて「資格を取りたい」、または、いい物件との出会いがあって「引っ越したい」と思ったときに、「お金がないから」とお金を理由にしてあきらめてしまうのは残念です。その一歩が、人生を大きく変えることになるかもしれないからです。

お金の貯め方は専門家に聞けば、いろいろとあると思いますが、私は、「小さな財布」に変えることが、一番、手っ取り早いと思っています。

いわゆる「給料天引き」です。最初から、一定額引き落とされていて、「これだけ」と使える分を小さくすれば、それなりにやっていけるからです。

そのためには、潔く何かをあきらめることも大事だと思っています。

たとえば、「帰りに毎日コンビニに寄るのをやめる」「夜中にするゲームの課金はやめる」など、何をやめるかを決めれば、本当は何にお金を使いたいかが見えてきます。

いろいろなことをあきらめてまで、本当に欲しいものがわかっている人は、ちょこちょこ買いや、衝動買いをしません。

ある雑誌で対談させていただいた脳内科医の加藤俊徳先生は、「安いからと買ってしまう行動」を「安物行動」だとおっしゃいました。お金を「分量」で考える癖がついてしまうのです。

たとえば、お腹いっぱいになればいいから、ファーストフードでいいやと思ってしまう、量が多くてお得だと大容量の食品を買ってみたけれど、食べきれずに捨ててしまう。

大事な基準は、「安いから」ではなく、「本当に気に入ったもの」なのです。高くても気に入らなければ買わないし、安くても良いものは買う。量ではなく、質を重視する習慣をつければ、お金の使い方も変わってきます。

私が出会ったお客様たちは、常に良いものを見ているので、自分の目線を底上げできていました。その「良いものを見る習慣」が蓄積されている人の脳には「良いものを選ぶ仕組み」ができているのだそうです。

ちょこちょこ買いをしている人ほど、「そこそこお金は使ったけど、何に使ったか覚えていない」と言います。

質を重視して、本当に自分にとって価値のあるものにお金を使った人は、「あれを買った」「これに使った」と、きちんと記憶にも思い出にも残るお金の使い方をしています。

また、「買い物をするなら午前中に」と先生はおっしゃいました。

頭がクリアで判断力がある朝の時間に、大事なことは決定すること。

判断力が落ちている夜中にショッピングサイトでポチッとする習慣はやめて、クリアな思考で賢く買い物をすることです。小さな財布で大きな価値を生み出しましょう

Way of Life Called
Minimum Rich

Lesson 3

暮らしのNG色を決める習慣

拙著『毎日が楽しくなる素敵な色づかい』でも触れましたが、身の回りにある色から受ける影響は、自分で思っている以上に大きいのです。

明るい色があるだけで気分がぱっと明るくなったり、やさしい色を眺めると、心がほっとやさしくなれるという経験は、誰にもあるのではないでしょうか。

暮らしの中の色は、心地良くなれるものを選び抜き、余計な色は家の中に入れないと決めます。

あまり考えず、色をどんどん入れてしまうと、だんだんとまとまりのない空間になってしまい、雑然としてしまう原因となります。

「この色はNG」と、あらかじめ決めておけば、買うときも迷いませんし、決断疲れからも解放されます。

たとえば、買い物に行って、気に入ったものがあり、店員さんに「他の色はないですか？」と聞くと、「こちらの3色展開です」と言われ、見てみると、欲しい色はありません。

メーカーが作っている色が、理想の色とピタリと合うことはまれです。ここでは無理に選ぶことをせず、欲しい色がないなら、きっぱりとあきらめます。

前述した玄関の「ゴールデンゲート」をくぐれる色を、あらかじめ決めておくことが難しければ、部屋ごとの色を決めてしまうのも、ひとつの方法です。

私は、寝室には色を持ち込まないと決めています。寝室の入り口のゴールデンゲートを通過できる色は、ベージュと白のみです。

ベッドだけを置いて、他のものを何も置かず、色も入れないことで、「ここは眠るだけの部屋」というスイッチが入るのです。

また、洗面場は、白をベースにしたモノトーン。

長年、愛用しているイソップのハンドソープの色と香りが定番なので、自然と同じ色のものを置くようになりました。

「心地良い暮らしの色」で満たされると、目からもリラックスできるのです。

Way of Life Called
Minimum Rich

Lesson 4

やわらかなものをまとう習慣

「表情のやわらかい人は、やわらかそうなものを着ている」。販売員をしていた頃、やわらかな笑顔を絶やさないお客様と接して、いつもそう感じていました。

上質なカシミアのニットやシルクジョーゼットのブラウスなど、やわらかいものを身につけると、自然とやわらかな表情になれる気がします。

日々の暮らしでも、タオルやブランケットの肌触りが心地良いと、心までやわらかくなるような時間が過ごせます。

友人に紹介してもらったタオル専門店で、自分が心地良いと感じる触感のバスタオルを、数種類の中から、時間をかけて選んだことが記憶に残っています。

マシュマロに包まれるような感触のもの、厚みのあるしなやかな弾力が感じられるものなど、触感で気持ちが変化することに気づきました。

こだわりの1枚を、妥協なく選んだあの経験が、まちがいなく生活を変えたと思っています。

生活の質を上げるには、まずは1枚のタオルからです。

「ホテルライクインテリア」や「プライベート・スプーンズ・クラブ」などのハイクラスのインテリア雑貨のお店で、ルームウエアやルームシューズ、ベッドまわりの小物を見てまわると、海外セレブのベッドルームのような世界観を堪能することができます。

リラックスタイムには、気分が上がるやわらかなアイテムをひとつでも取り入れてみませんか。

直接肌に触れるものが極上だと、自分を大切にしている感覚が芽生えます。

上質なやわらかなひとつのアイテムをきっかけに、自分を大事にする暮らしへと変わっていくのです。

Way of Life Called
Minimum Rich

Lesson 5

一流の美しさに浸る習慣

コロナ禍では、「世界はほしいモノにあふれている」というＴＶ番組を録画して、何度も観ていました。腕利きのバイヤーが世界の銘品を探す旅に同行する番組です。銘品には長い歴史や文化があり、それに携わる、才能にも人間性にもあふれた作り手がいて、モノの持つストーリーに心が震えます。あたたかみのあるフィンランドの食器やナチュラルで美しいイギリスの花の世界に旅をして、幸せに浸っていました。

一流と呼ばれる美しいものには、多くの手が関わっていますから、それらの手が作り出したエネルギーが伝わってきて、こちらの心まで満ちるのです。

私は、忙しさで気持ちがいっぱいいっぱいになると、たくさんの人に愛されてきた一流と言われているものに触れたくなります。

高校生の頃から、美術館に行くのが大好きでした。

地方都市にある、小さな美術館に、よく自転車で通っていたことを思い出します。

田舎の高校生にとっては、とりたてて大きな刺激のない日常の中で、美術館の空気は特別でした。

静寂な空気の中、一流の美しいものが放つオーラを受け止めながら歩くと、心に電流が流れてくるようでした。

東京都現代美術館で開催されていた、「クリスチャン・ディオール、夢のクチュリエ」展は、間違いなく近年ナンバーワンとも言えるもので、次の日も、また次の日も、余韻が残るくらい感動的でした。言葉を失うほど、圧巻だったのです。

オートクチュールの技がぎっしり詰まったイブニングドレスを、これほど大量に見たのは初めてでした。一流メゾンが守り抜いてきた技術と伝統の底力を感じました。

展示方法も素晴らしく、立体的な空間の演出方法が、さらにドレスを引き立て、何時間でもその場所に居たいほど、美しく見事な空間でした。

美術館は、名だたる一流の建築家がデザインしていて、エントランスから廊下まで、気持ちの良い空間が続きます。庭が見える素敵な場所にはカフェがあったり、建物のどこにいても心地良いのです。ただ、そこにいて、ぼーっとするだけで、心にもスペースができてくるのです。

心にスペースをつくるのは、こんな美しい場所で美しいものを、ぼーっと眺めるひとりの時間です。美術館に行くのは、いつもひとり。自分との対話ができる極上な空間です。

「美しいものは、人を幸せにする」というのは、本当です。

美しい空間に身を置いて、もらったエネルギーを家に持ち帰り、また、自分のスペースを美しく整える。定期的に美しいものを見る習慣は、暮らしも心も美しく整えてくれます。

Way of Life Called
Minimum Rich

Lesson 6

「日々の生活」を「豊かな暮らし」に変える習慣

銀座で開催されていた「真珠のようなひと――女優・高峰秀子のことばと暮らし」という展示会に行ってきました。

昭和の日本映画を代表する女優であり、随筆家としても活躍された高峰秀子氏の凛とした生き方を感じられる素敵な空間でした。暮らし方は生き方なんだとあらためて感じました。

上質なライフスタイルを物語る写真の数々と、日用品やジュエリーなど長年愛した品々が展示されていました。

愛用品のコーヒーカップや旅行鞄、ワンピース、花瓶まで、すべて、圧倒的なオーラを放っていました。それは高級品だからではなく、人の手がかけられた温もりに満ち溢れていたからです。何ともいえない味のある存在感があるのは、どれも、丁寧に手入れがされていたからだと思います。

「暮らしを愛する」とは、こういうことなのだと、肌感で理解できました。

生活というと、「食べて、寝て、仕事をして」という、時間に追われる日常を想像しますが、そこに少しだけ、工夫をしたり、温もりのある手を加えるだけで、彩りが出て、「暮らし」となることを実感したのです。

そのシンプルで丁寧な暮らしは、まさに「ミニマムリッチ」。

高い審美眼で選び抜いたモノだけに囲まれながら、暮らしを彩り豊かに愉しんでいたことが伝わってきます。

真珠のように、余計なものをそぎ落としたシンプルな暮らしぶりは美しく、気品に満ちていて、背筋が伸びるような感動を覚えました。

「毎朝、愛用のコーヒーカップにカフェオレを淹れ、季節の花を慈しみ、飾っては心華やぎ、花が枯れては、また飾るという日常を繰り返してきました」と、写真に添えられた言葉が、心に残りました。

高峰氏の著書にあるように「求めない」「迷わない」「甘えない」「怠らない」という精神が、凜とした美しさの芯になっているのだと感じます。

自分の芯があるからこそ、その芯のまわりの余計なものは、そぎ落とせる。そぎ落としたところにこそ、なんともいえない余白と豊かさが生まれるのだと思いました。

愛用の和光の時計の針は、11時50分をさして止まっていました。いつか人生の時計の針は止まる。

上質なモノと、かけがえのない豊かな時を刻んできた時計の針。色褪せたアンティークの時計の美しさに、人生が垣間見えて胸が震えました。あらためて、何気ない日常の、この一瞬を大切にしたいと思った展示会でした。

「ファッションは時代遅れになるけれど、スタイルは永遠」と言ったのは、あのイヴ・サンローラン氏です。

日常の暮らしから、自分のスタイルをつくることが、人生を永遠に豊かにすることではないでしょうか。

Way of Life Called
Minimum Rich

Lesson 7

良いモノを選ぶ習慣

「質の悪いモノを買うほど私は金持ちではない」というユダヤのことわざがあります。

「質の良いモノを買えば、結局コスパがいい」ということだと思いますが、質の良いモノを見極める目を育てるには、ある程度、量をこなし、授業料を支払い、経験を積む必要があります。

私がブランドショップの販売員として、多くのモノを実際に目で見て、触って、着てみて、実際に使ってみた経験、そして良い買い物をするお客様と接した日々は、財産だったと思います。

ハイブランドの顧客であるお客様たちの選ぶものは驚くほど堅実でした。

一見、地味だけれど、静かで、そして長持ちする、流行に左右されないモノを選びます。

そして、自分の尊厳が保ち続けられると判断したものには、お金を惜しみません。

私は、「あのお客様が選んだモノだから、私も使ってみよう」と、まずは信頼できる人の選んだモノを信じて、使ってみることから始めました。

いまは、インターネットで膨大なクチコミ情報がありますが、「誰が言っているか」は重要だと思います。知らない人のクチコミを安易に信じてお金を使うことはしません。

社会的地位のあるお客様は、信頼を何より大事にします。そんなお客様同士のネットワークは、信頼関係で成り立っているので、お互い良い情報しか入ってこないのです。質の良い情報と人脈を分かち合うのです。

ですから、ファーストステップは、「この人がすすめるなら」と思う信頼を寄せる人からの情報を信じて、おすすめのモノを手に入れて使ってみてはいかがでしょうか。

私も当時、定番といわれるバッグをお客様が長年愛用されているのを見て、思い切って購入したところ、皆から褒められ、大事な場面では「このバッグを持てば大丈夫」という自信にもなりました。

買い物に行くときは、センスの良い友達を誘います。

センスの良い人は、見ている量が圧倒的に違いますし、感度のいいアンテナを張っていますから、そのアンテナに引っかかってくるモノが、どんなモノかを知ることは、あなたのセンスを磨くことになります。

そして、やはり、「良い店で買い物をする」という経験を積むことです。

素敵な外観で、掃除がいき届いている店。気持ちの良い空間だなと感じる店。シンプルな服装で清潔感のある店員さんが笑顔できびきびと動いている店。

そんな店は良いモノを扱い、プライドを持って売っています。

カフェやレストラン、花屋でもいいのです。普段から、あなたが「良い店だな」と感じる店を利用したり、買い物をする習慣が身につけば、おのずと、良い店で良いアドバイスがもらえる客となることができて、目利きにも磨きがかかります。

それには、モノだけでなく、人への興味、関心も欠かせないのかもしれません。

良い店で、良い客となるには、良い情報が自然と集まってくるような人間力も必要です。

モノとの良いコミュニケーションも、人への興味、関心が欠かせないのです。

重衣料

冬に出回る冬物の衣料、特にコートやスーツ類を重衣料と呼びます。店頭にそれらが入荷してくると、店内はぐっと重厚感が増し、お洒落本番といった活気のある空気に包まれます。

ヨーロッパのブランドは、寒い冬にまとう重衣料の質がすばらしいと感じます。良い買い物をするお客様は、「長く着る」と決めて、質の良いものを1着、時間をかけて選ばれます。

生地は、「触る」のではなく「握る」のだと教えられました。しっかりとしたウールの素材などは、表面のしなやかさだけでなく、内側から押し返してくるような、やわらかな弾力があります。重衣料など、何年も着ることを想定して選ぶアイテムは、この「握って確かめる」ことが大事なのです。生地が丈夫かどうかを判断するためです。

よく、うどんに「腰がある」という言い方をしますが、「少し似ている」と、お客様はおっしゃいました。歯ごたえというか、やわらかさの中に芯があるような感覚です。この芯こそが、「質」ということだと教えてくれました。質の高い重衣料との出会いは、冬の寒い時期のあなたをあたため、上品に見せてくれるでしょう。見て、握って、着て、また見て、それでも買わず、また、握って、確かめてくださいね。

バッグ

バッグは、良い革でできたモノがやはり、高級品です。裁ちっぱなしの革が重ねて縫ってあるものはとても美しいですし、丈夫です。そして、高級品は、金具が上等で強いのが特徴です。

バッグは、裏や端まで、細かいところを一つひとつ見て、総合点が高いモノを選びます。

上質でデザインも良く、ディテールに至るまで完成度が高いと思うモノは一級品ですから、手に入れることで自分も満足、他者からも一目置かれ、長く使えるからコスパも良く、一石三鳥以上の価値があります。

完成度の高いバッグを選ぶには、ひたすら見て歩くしかないと思います。

ちょっと勇気はいりますが、高級店で一流品を手に取ってみてください。

私は、販売員のときに多くの良い革をたくさん見てきたお陰で、ふらっと入ったブティックでも、買いやすい値段の良いバッグと出会うことがあります。

店のオーナーに聞いてみると、エルメスと同じ工場で作っているバッグでした。

工場がどこかということは、とても大事なのです。

買わないまでも、一流の高級品をたくさん見ましょう。それが、自分の目線を底上げすることになり、無駄な買い物をすることがなくなります。

靴

「靴は目立たない方がいい」。お客様は、そうおっしゃいました。確かに、靴が目立つと他者からの視線が下に集まってしまいます。靴は目立たず、色はボトムの色に合わせた方が、すらっと背が高く見えます。

そのお客様には、「美しい黒のパンプスがエレガンスの最上級」という哲学があり、つま先の形やヒールの高さに流行はあるものの、いつもシンプルで履きやすく、美しいフォルムの黒のパンプスを履いていらっしゃいました。手入れをしながらはき続け、寿命がきたら、また、同じものを買う。買い足しではなく、本当に気に入ったものを愛し抜き買い換えていく。そんな哲学でした。

ですから、「究極の一足」に出会うまで、妥協なく、店頭で試着を続けるのです。

そんなお客様の哲学に触発され、自分にぴったりのシンプルで美しいパンプスに憧れた私が当時、辿り着いた一足は、「ブルーノマリ」というイタリアブランドの靴でした。私の22・5㎝の小さな足をしっかりとホールドしてくれながらも、やわらかい履き心地で、美しい曲線を描く4㎝ヒールのパンプスでした。

一見、地味で目立たないのですが、匠の技がぎっしりと詰まった究極の一足でした。履きやすく美しいものは、たいてい無駄のないシンプルなもの。

店頭で試着する際は、遠慮なく、店内をしばらく歩き回ることが大事です。多少、店員さんの視線は気になるものの、納得するまで歩いてみないとわかりません。靴は小さい面積ながらも、全体の印象を決定づけるもの。あなたを最上級に魅せてくれる、一足の黒のパンプスを、まずは妥協なく、時間をかけて選んでみてくださいね。それが、年齢に関係なく、大人への第一歩となるのではないでしょうか。

家具

昭和の畳文化で育った私には、西洋家具の知識はまったくありませんでした。書店で偶然、圧倒的に美しい表紙で目に飛び込んできた雑誌、「ELLE DECOR（エル・デコ）」の世界観に憧れ、定期購読するようになり、モダンなイタリアの家具に魅せられていきました。Cassina（カッシーナ）やarflex（アルフレックス）といったブランドを知り、カタログを取り寄せたり、実際に見たくなってショールームに通ったりしました。

また、5つ星ホテルにも、よく出かけました。宿泊しなくとも、ロビーやラウンジなどのインテリアや空間デザインを見るだけでも刺激になりました。

あるお客様は、住む家を決めるとき、内見には1級建築士に同行を頼み、専門家にしかわからない視点で査定をしてもらうそうです。また、別荘の家具選びは、洗練されたセンスだと感じたインテリアコーディネーターにすべて任せていました。

「わからないことは、専門家の力を借りること」を当たり前としていて、先に相応のお金を払って、その道のプロに査定や情報提供を依頼します。あとで大きなお金を支払ってから後悔しないよう、先に出すお金を惜しみません。プロの知識を買うだけでなく、自分の時間も有効に使うことができる、実に合理的なお金の使い方だと思いました。わからないこと、できないことは、お金を支払って、その道のプロにアウトソーシングします。

当時、イタリア家具はとても高価でしたから、私の家具選びも、清水の舞台から飛び降りるか否かくらいの真剣勝負でした。

しかし、いまは、北欧の家具やインテリアも安価に手に入るようになりました。SNSでも素敵な家具と暮らしている人たちと情報交換ができたり、インテリアの情報や知識は豊富に得られますから、自分の好きなテイストを見つけたら、積極的に発信したり、交流していくとセンスアップできるのではないかと思います。

インテリアの軸となる家具は、気軽に買い替えることができませんし、部屋の雰囲気を大きく左右します。

ですから、本当に気に入ったものが見つかるまで、時間がかかかります。けれど、探すことも楽しみのひとつなのではないでしょうか。多少、お値段が高くても、長く使える、本当に気に入ったモノを選びたいものです。「今日もお疲れさま」と気に入った家具が迎えてくれると、心からホッとできます。すべてにお金をかけることはできませんから、見えないところの収納棚や水まわりなどは、無印良品などを利用して、リーズナブルでOKとする場所を決めるのも、ひとつの方法です。

暮らし方は生き方。それを決めるのは、まずは一生をともにしたいと思う家具との出会いから始まるのではないでしょうか。

Way of Life Called
Minimum Rich

Lesson 8

本物を自分の目で確かめる習慣

この原稿を書いているとき、作家、伊集院静氏の訃報が飛び込んできました。

私は、伊集院氏の言葉に何度も勇気づけられ、大人の美学を教わってきましたので、大きな北極星を失い、真っ暗な夜空に放り出されたような哀しみに包まれました。

思い出したのは、著書『悩むなら、旅に出よ。』（小学館）の中で、「若い時に旅に出なさい、と先輩たちがすすめるのは、人が人に何かを教えたり、伝えたりすることは限界があり（中略）一回、本物を目にすればすべてがわかる」とおっしゃったことです。

いまは、YouTubeでエジプトのピラミッドもパリのエッフェル塔も見ることはできますが、実際に現地の空気や風や匂いを感じながら、本物を見た感動は、心の奥にひだができるように刻み込まれ、何年経っても取り出して、味わうことができます。そんな心のひだに彩りをたくさん持つことは人生を豊かにしてくれます。

自分の足で歩き、本物を見に出かける経験を繰り返していくことで、本質を見極める目を養うことができると思っています。

よく、仕事でも「現場100回」と言われることがありますが、すべては現場で現実をよく見てみなければわからない。何度も足を運んで、自分の目で確かめる習慣が身についている人は、間違った情報に振り回されることなく、正しい判断ができるのではないでしょうか。

まずは、本物を見ること、現地に行くこと、その場で感じることを大事にすること。そんな積み重ねが、日々の暮らしの中でも、質の良い本物を見極める賢い選択につながるのだと思います。

Column

小さく暮らす人が選ぶ
「長く付き合いたい本当にいいモノ」

3 フリッツ・ハンセンの椅子〜アリンコチェア

ブランドショップで働く醍醐味は、一流メゾンの洋服が持つ、美しいシルエットを毎日見られることです。

綿密に計算され、匠の技が詰まった曲線美はまさに芸術で、ずっと見ていても飽きず、感動的でさえありました。洋服だけでなく、建築も美しい曲線に惹かれます。

国立新美術館の外観のアーチやアールヌーボー調の東京駅丸の内駅舎など、この先、何百年もこの曲線美は人々を魅了し、愛されていくのでしょう。

いまも世界中で愛されるロングセラーに、「アリンコチェア」という椅子の名作があります。「アリンコ」の体に似た美しいフォルムが印象的です。

1952年にアルネ・ヤコブセンによりデザインされた楽器のような曲線を持つ、繊細で芸術的な外観を持つチェアといわれています。

9層で構成されているという形成合板のシェルは、強度もありながら薄く、それを支える細い脚部。エレガントな曲線に身体を預けると、驚くほど快適で長時間、座っていられます。

座面と背もたれが一体化していて、腰があたる部分がくびれた曲線になっているので、座り心地がよいのです。まさに、見て幸せ、座って幸せなチェアなのです。

色と張り地のバリエーションも豊富なので、カスタマイズできるのも魅力です。

4客揃えるときには、2客づつ違う張り地にしたり、1客だけアクセントカラーを選んだりと、自由自在にコーディネイトを楽しめるので、自分だけのオリジナルな空間がつくれます。

友人宅は来客が多く、椅子の置き場所に悩んでいましたが、このアリンコチェアは、最大12脚までスタッキングできるので、スペースを有効に使えると喜んでいました。スタッキングしてもデザイン性が失われないので、仕舞っておくスペースが不要なのです。

まさに、「小さく、広く暮らす」という実用も兼ね備えています。

また、「曲線美」というと、美しいハイヒールも外せません。椅子の名作と美しいハイヒールは、似ている気がします。収集家が多いことも共通点ですし、思わず見とれてしまうほど、曲線美がすばらしい芸術品です。

晩年の憧れは、美しいハイヒールを履いて、美しい椅子に座っている女性です。

一流の芸術品を身につけたり、身を預けることは、自分もその価値に値すると、思わせてくれるのです。そんな価値のある芸術品とともに、年を重ねていければと思っています。

フリッツ・ハンセンの椅子

アリンコチェア

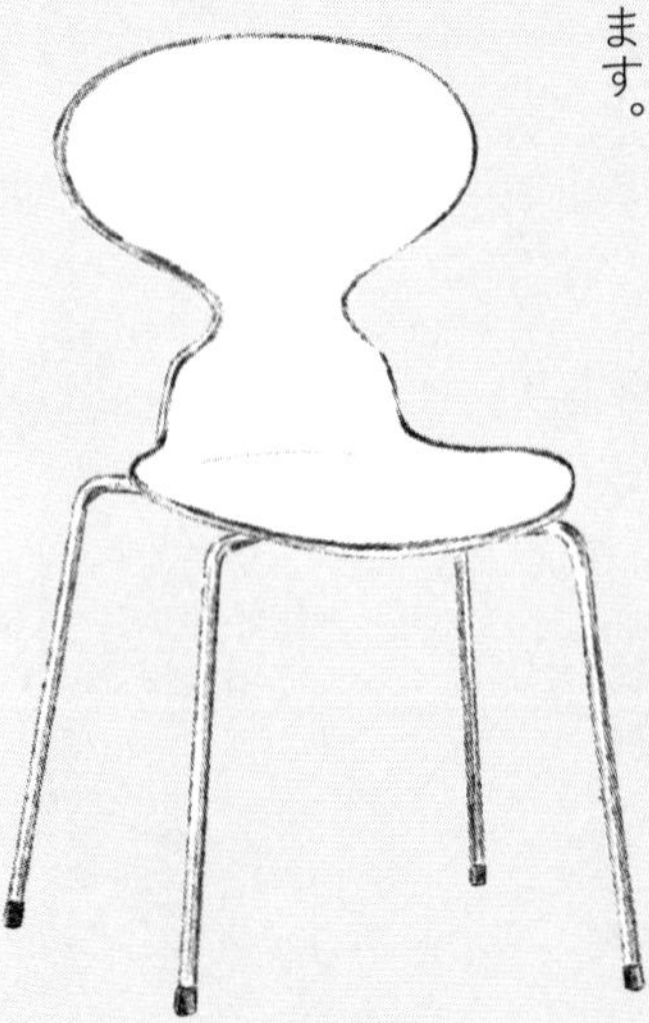

小さなひと手間で暮らしを心地良く整える

暮らしを整えて
心も整える

Chapter 5

Way of Life Called
Minimum Rich

Lesson 1

朝一番の
ルーティンで
風を通す

「丁寧な暮らし」「整った暮らし」というと、少しハードルが高いように感じてしまうのではないでしょうか？　忙しい毎日、頭では理解していても、十分に手がかけられず、余裕がなく、ついつい放置している、散らかっていても後回しにしてしまうことが多いと思います。

素敵な暮らしをしていたお客様は、ほんの小さなひと手間を大事にして、心地良さをキープしていました。日々、小さく整えることで、大きく運気が変わると信じていたからです。

そんな運にも人にもお金にも愛されていた、お客様の小さなひと手間をご紹介します。

私が引っ越しをしようと物件を探していたとき、お客様が、「どちらかを優先するなら、陽当たりより風通しよ」とおっしゃいました。

私は、びっくりして、「どうしてですか？」と尋ねると、「風通しのいい家の方が長持ちするし、いい空気は生きていくうえでとても大切だから」と微笑んだのです。

そのお客様は、テニスやマラソン、フラダンスなど、体を動かすことが趣味で、いつも

「運動で体の中の血と水と気の流れをよくする」とおっしゃっていたのです。同じように、「家の中の空気も循環させることが大事」だと教えてくれたのです。

確かに、風が吹くと、それまでの空気が一新することがあります。「風向きが変わる」とは、状況や人の気持ちも変わったという意味があります。風は流れを変える大きな力を持っているのだと思います。

「風を読む」など、「風＝気」とも感じられる言葉もあります。

風通しを良くして、風を運ぶことは、気を運ぶこと。運気を変えることにつながるのかもしれません。

「よどんだ気」の中に長く留まらないこと、空気を停滞させず、常に循環させることは、何より大事な開運法ではないかと思いました。モノを捨てて循環させる哲学と似ています。

私はお客様を見習って、冬の寒い朝でも、たとえ5分でも窓を開けて空気を入れ替えてから、暖房を入れるようになりました。

空気の質が良くなれば、昨日あった気落ちするような出来事も一掃される気がするのです。

私の中では、窓を開けて大きく深呼吸することが、朝一番のルーティンとなりました。

そのお客様は、いつもご機嫌で、来店されると店の空気がぱっと明るくなるのです。きっと、質の良い風＝気をまとっているからだと思います。

コロナ禍が明け、時代は土の時代から、風の時代になったと言われています。

風をまとうように、心軽やかに暮らしたい。

風の時代は、窓を開けて心にも風を吹かせましょう。

きっと素敵な未来がいい風に乗ってやってきます。

Way of Life Called
Minimum Rich

Lesson 2

活き活きとした緑と暮らす

家に帰ってきて、緑や花が活き活きとしていると、元気がもらえるという方は多いのではないでしょうか。

当時、私の勤めていたハイブランドショップのメインテーブルには、白と緑のゴージャスなフラワーアレンジメントが常時、飾られていました。定期的にお花屋さんが来て、メンテナンスや入れ替えをしてくれていました。

白と緑の花は、どんな空間にも馴染み、洋服やバッグの色を邪魔せず、引き立ててくれます。

いつも活き活きと美しく咲き誇る花は、働くモチベーションも上げてくれました。

店にお越しになったお客様と、「この花は何という花かしら?」などと、話のきっかけになることも多かったのです。

昔は、自分自身のメンテナンスで精いっぱいで、家の中に緑や花をメンテナンスできる人は、余裕のある人だけだと思っていました。けれど、店内の花からオーラをもらったり、お客様のお宅に伺う機会に素敵な花と出会い、考え方が変わりました。

お客様のお宅の玄関には、ホテルのエントランスにあるような見事な生け花と大きな観葉植物があり、華道家の方が毎日、手入れにいらっしゃると聞いて、びっくりしました。家の中にある緑や花を常に、「活き活きとした状態を保つ」ことを重要と考えていらっしゃいました。お庭の芝生も青々としていて、活き活きした植物たちが、きらきらと輝いているのです。

大きな生け花や大きな観葉植物を自分で手入れすることはハードルが高いですが、小さな一輪挿しの花や、上から吊すタイプの小さな観葉植物なら、手入れも楽で気軽に楽しめると思い、私もハードルの低いところから、取り入れることにしたのです。

「活き活きとした生命力のあるもの」を常に家の中に置いておくことは、エネルギーをもらえる気がします。

そのお客様は、年を重ねても、きらきらした生命力に溢れていて、私は、「魅力とは生命力」だと感じていました。

暮らしの中の小さな花や緑から、絶えず生命力をもらう暮らしをしたい。

いつまでも活き活きと生きる力を更新していくためにも、生命力溢れる植物から活力をもらいましょう。

Way of Life Called
Minimum Rich

Lesson 3

香る暮らしで
嗅覚を磨く

それぞれの家には、暮らしの匂いがあります。コーヒーのいい匂いがしたり、リラックスできるアロマの香りがしたりと、そのお宅の暮らし方が香りとなって匂いたちます。

暮らしの中の香りを意識し、お気に入りを見つけることで、生活臭とは距離を置くことができるのではないでしょうか。

洋服のセンスの良いお客様はたくさんいらっしゃいましたが、香りのセンスのよいお客様は上級者という印象があって、記憶に残っています。

いつも和服をお召しになっていたあるお客様が店にお越しになると、ふわっといい香りがあたりに立ちこめ、その香りが何とも上品で、うっとりしました。

お香を薫くことが暮らしの中での定番で、わざわざ京都まで季節ごとにお気に入りを買いにいかれるとのことでした。

そのお客様は、勘が鋭く、「何かあったの？」など、ちょっとした違和感や人の顔色にも敏感な方でもありました。

まさに「鼻の利く」人だったのです。

普段の暮らしから、香りを愛し、香りとともに暮らすことを意識していると、直感力も鍛えられるのだと教えてくれました。

五感を大事にする暮らしの中でも、特に「嗅覚」を磨くことが大事とおっしゃったのです。

「嫌な予感がするから、やめておくわ」「これは、いい兆しだから楽しみね」など、鋭い直感力を活かして、心地良い暮らしを嗅覚からマネジメントしている上級者でした。

「鼻が利く」とは、「わずかな兆候から役に立つことを見つけ出す能力に優れている」ということです。そんな能力を磨くためにも、嗅覚を刺激することは大事だと感じたのです。

私も、できるだけ、人工的なものではなく、天然素材の質の良い香りをまといたいと思うようになりました。植物から抽出した天然の香りは、贅沢で芳醇な香りがします。

クローゼットにお気に入りのポプリを置けば、洋服にもふわっといい匂いがして、癒やされます。

私のお気に入りのポプリは、「サンタ・マリア・ノヴェッラ」。イタリアの古都、フィレンツェで800年もの歴史を誇る「香りの芸術」と称される高貴なフレグランスです。ヨーロッパの歴史とともに歩み、王侯貴族たちにも愛された香りは、フィレンツェという街が持つ歴史や文化の匂いがします。

香りは、「癒やしの芸術品」でもあります。そんな癒やしの香りを暮らしの中に取り入れると、心にも素敵な香りが漂うのではないでしょうか。

Way of Life Called
Minimum Rich

Lesson 4

流れる水で許せる心を育む

お客様の豪邸には、広い日本庭園があり、そこには小さな川や滝があって、絶えず、水がさらさらと流れていました。また、よく料亭や茶席にあるような「ししおどし」があり、「コーン」と響くその音は、静寂を引き立たせ、心が整う感覚がありました。

いい空気と同じように、いい水を体に取り入れることは重要ですが、暮らしの中にも「流れる水」があることは同じくらい重要だと考えていらっしゃったのです。

確かに、滝からはマイナスイオンを浴びることができますし、川の流れは見ているだけで、リフレッシュできるような感覚になります。

私たちの暮らしの中では、滝も川も、ししおどしも作れませんから、これは取り入れられないとあきらめていたところ、「ウォーターサーバーには水の流れがあるし、エコにもなるし、質の良い水は体にもいいわ」と言われ、利用することにしました。

また、家の中の排水口や水回りをきれいにすることは大事だとよく言われますが、それも深く納得したのです。

人生は「川の流れ」のように表現されることもありますが、止まっているように感じていても、絶えず、時間は流れています。私たちは小さな船に乗って、川の流れに身を任せ、時の流れの中で、生きているのです。

「生きていくための才覚」があるとするならば、いつも平常心を保ち、感謝を忘れず、生きているいまを大事にしている、そんな才覚のあるお客様のご自宅には、「流れる水」がありました。

「流れる水で心を整える」、それは掃除をする中でも意識できますし、人間関係でも、暮らしの中でも「水に流す」ということは意識できることだと思いました。

水に流して前へ進む。許す心も、生きていくための大事な才覚かもしれません。

Column

小さく暮らす人が選ぶ
「長く付き合いたい本当にいいモノ」

4

ウェッジウッドのクリスマスセレクション
～ウィンターホワイトのティーカップ

若い頃は、クリスマスが嫌いでした。

時は、バブルの全盛、「ひとりでクリスマスを過ごす＝不幸」のような方程式ができたのかと思うくらいの雰囲気が、日本中に充満していました。

「恋人はサンタクロース」とユーミンに歌われても、「私は平常運転」と言い聞かせ、いつもと同じ365分の1日だと、平気を装っていました。

けれど、いつも朝方までぐっすり眠れず、本当によく、あの空気感に耐えたねと、あの頃の自分に言ってあげたい気持ちです。

時代は変わり、クリスマスシーズンは、ひとりでもロマンティックな気分が味わえる、穏やかな冬の楽しみだと思うことができるようになりました。

私の友人は、インテリアが大好きで、特にクリスマスの飾り付けが映える北欧テイストの素敵な家で暮らしています。「クリスマスが大好き」という彼女は、心地良く暮らすHygge（ヒュッゲ）といわれているエッセンスを、インテリアを通して楽しんでいるような気がします。

代官山に、クリスマスのオーナメントやグッズを1年中扱っている専門店がありますが、とても賑わっています。スノードームやミニチュアハウスなど1年を通して楽しめます。

私の一番お気に入りのクリスマスグッズは、ウェッジウッドのクリスマスセレクションのティーカップです。

ある年の11月、サンクス ギビングの日にその友人宅で、このカップに出会いました。淹れてもらったアーモンドミルクティのおいしさとともに心に残ったのが、このカップだったのです。まさに一目惚れでした。

「ウィンターホワイト」と呼ばれる乳白色と白金（プラチナ）の2色だけでデザインされた冬限定のコレクション。プラチナ彩で描かれた、ひいらぎとツリーのモチーフが上品で、やさしく、あたたかな気持ちにさせてくれたのです。


どうしても欲しくなった私は、早速、このティーカップを手に入れ、クリスマスが近づくと、自分のために丁寧にお茶を淹れる時間を持つようになりました。

このひとり時間は1年間頑張った自分へのご褒美時間。素敵なティーカップが、ほっこりと冬の心をあたためてくれます。

ウェッジウッドのホリディ オーナメントは、大切な人へのクリスマスギフトにもぴったりです。

年号入りのオーナメントは、初めてクリスマスを迎える赤ちゃんのお祝いにしたりします。

クリスマスが近づくと、毎年、取り出して楽しめる、自分だけの小さな幸せコレクションです。

ウェッジウッドの
クリスマスセレクション

ウィンターホワイトのティーカップ

生活の
質が上がる
毎日の
セルフケア

自分を整えることは、
人生を整えること

Chapter

6

Way of Life Called
Minimum Rich

Lesson 1

暮らしだけでなく外見も整える

肌の調子が良いと、ご機嫌になれるのは誰もが実感しています。

肌と腸はつながっていますから、腸が健康だと肌も健康ですし、笑顔になれる気がします。表情が硬い人は、腸が冷たいのではないかと感じますから、日々、ご機嫌でいるためにも、腸をあたためる温活は欠かせません。


スキンケアに始まり、ヘアケアやオーラルケア、女性に生まれたときから、「メンテナンスも込みの人生」だと腹をくくりましたが、いまでは男性もスキンケアの習慣は当たり前となりつつあり、清潔感は社会全体のマナーです。

暮らしのメンテナンスも、自分自身のメンテナンスも、常に怠らない人は清潔感に溢れ、マナーの良い人と認識されるのではないでしょうか。

普段からの積み重ねが、マナーには必要だからです。


日々、暮らしていくだけで、部屋にも心にも、埃や汚れが蓄積していきますが、目の届く小さな範囲なら、いつも整えることができます。整う暮らしぶりに清潔感は宿ります。毎朝、玄関のたたきだけを、さっと拭く。家事のあとは、必ずハンドクリームを塗る。ちょっとした小さな積み重ねが、大きな効果につながります。

年を重ねてからは特に、見た目も暮らしぶりも「疲れていないこと」は大事ではないでしょうか。

ヨレヨレ、ボロボロではなく、パリッっと洗濯したてのような「清潔感」をキープすること。

それには、モノにも心にも、そして見た目にも丁寧に手をかける習慣が必要です。

誰もが、好きなモノ、好きなコトには惜しみなく手をかけます。好きな自分でいるために見た目にも、時間も手もかけて慈しみます。「残念な自分」にならないための積み重ねです。

人生100年時代になり、心身ともに、いつまでも若々しく健康でいることで、仕事もご縁も引き寄せることができるのではないかと思っています。

いまは、7掛けの時代を生きていると言われています。実年齢に0・7をかけ算して、30歳なら21歳、50歳なら35歳の清潔感を目指す時代。

暮らしの中の日々のメンテナンスが、生きる力の基礎力になります。

Way of Life Called
Minimum Rich

Lesson 2

「ちょっとしたリセットタイム」で時間の流れ方を変える

誰もが「気持ちよく、毎日を過ごしたい」と思っているはずです。しかし、忙しい毎日が続くと、イライラする気持ちや凹んだ状態をリセットできず、引きずってしまうことも多いかもしれません。

日々の暮らしの中で、「ちょっとしたリセットタイム」を設けるだけで、時間の流れ方が変わります。

自分を整えることは、人生を整えること。

小さなリセットを1日の中で、ルーティン化します。

「いつ、どこで、どんなときに、気持ちの切り換えが必要か」を考えてみると、自分をリセットできる小さな習慣が見えてきます。

たとえば、職場でどんなに忙しくても、ランチタイムには屋上で景色を見て深呼吸、午後3時のお茶タイムにはチョコレートとハーブティをいただくなど、たとえ10分でも整える時間を計画することで習慣化され、いいアイディアが浮かんだり、その後の会議に集中できたりと、時間の質が格段に上がります。

1日の予定をスケジュール表で管理するときに、たとえ5分でも、あらかじめリセットタイムを書き込んでいくことで、詰め込みを防ぎます。

小さな整える習慣の積み重ねが、「いつも忙しい私」から、「余白のある私」に変えてくれます。

うまくリセットできる、あなたなりの上質な時間割を組んでみませんか。

Way of Life Called
Minimum Rich

Lesson 3

朝一番の整う ルーティン

朝時間を有効に使いたいと思いながら、なかなかスイッチが入らない、ぼーっと過ごしてしまうという方も多いかもしれません。私もそうでした。朝時間にヨガをしようと決めたものの続けることができず、すっかり挫折していました。

そんなとき、ヨガの先生から、「夜、寝る前にヨガマットを敷いて寝るといいわよ」と言われたのです。

半信半疑でしたが、試しにと思い、寝る前にリビングにヨガマットを敷いてみたのです。すると、起きてすぐ、ヨガマットが目に入り、そこに吸い込まれるように、ストレッチを始められることができたのです。

たとえ5分でもストレッチすると、だんだんと目が覚めてきて、血流も良くなり、徐々にスイッチが入り、体も頭もニュートラルからローギアに入る感覚がありました。

ストレッチのあとは、白湯を飲み、窓を開けて、ベッドメイキング。ワイパーでのちょこちょこ掃除、植物に水をやり、玄関のたたきを拭く。

このルーティンで気持ちもスッキリ。朝一番で部屋が整うと、心も整います。

月曜日の朝や寒い冬など、起きるのが辛くなるときがありますが、そんなときは、あえて少し早めに目覚ましをかけます。豆から挽いてコーヒーを淹れたり、おいしいパンを買っておいて、早く起きる楽しみをつくります。

自分の機嫌がよくなるツボをわかっているのも、整える流儀かもしれません。

「朝一番の挨拶は、相手の1日を左右すると思って、爽やかに」と、販売スタッフをしていた頃、教えられました。

どんなに辛い朝でも爽やかな挨拶ができる、相手の1日を台無しにしないことも、大人のマナーだと思います。

朝時間をうまく使えると人生がうまく回り出す気がするのです。

Way of Life Called
Minimum Rich

Lesson 4

寝る前の体操でカウントダウン

質の良い睡眠は、ご機嫌な毎日を送るためにも欠かせません。

しっかりと心を整えてから、ベッドに入るようにしています。

忙しくても、夜10時以降は仕事をしないようにして、スマホも電源はオフにします。

寝る前に文字を見てしまうと、脳が休まらないからです。


「何をする」「何をしない」というマイルールが明確なら、時間をコントロールできますし、整う暮らしができるのではないでしょうか。

特に、寝る前の時間は、一番のリセットタイム。

照明を落として暗い部屋で軽い体操をするのが、寝る前のルーティンです。

血行を良くしてからの方が、深い眠りになる気がします。


また、部屋着のままベッドに入るより、寝るときしか着ないパジャマに着替えた方が、「いまから寝ます」というスイッチが脳に入る気がします。

体操も同じです。体操をし始めると、「寝る準備」をしていると、脳も認識できるのではないかと思っています。

そして、ベッドに入ってからは、ヨガの先生に教えてもらった「ボディスキャン」という方法で、今日も1日、動いてくれた自分の体に感謝します。

頭の上から、足の先まで、ゆっくりと1箇所ずつ、そのパーツに意識を集中させていきます。

頭・こめかみ・目・鼻・耳・口……と、足の指まで、続けます。

眠るときに、いろんなことを考えてしまいがちですが、このボディスキャンで、「今日もよく動いてくれた自分の体に感謝する」ことに意識を向けることができます。

よかったら、やってみてくださいね。

Way of Life Called
Minimum Rich

Lesson 5

ハンドケアは丁寧な暮らしを物語る

手というパーツは、自分も人からも一番目に入るパーツかもしれません。パソコンを打つ、名刺を渡す、箸を持つ、モノの受け渡しなど、いつも自分で見て、いつも相手から見られる手。

手のケアは、1年中、日常的に続けるルーティンのひとつだと思います。目に入る手が乾燥していると気になりますから、こまめにハンドクリームを塗りますし、夏に出かけるときは、必ず日焼け止めを塗ります。

手がシワシワだと、心もシワシワになる気がしますし、手がつやつやしていると、心にも潤いが戻ってきます。

手の美しい人は、「丁寧な暮らしをしている上品な人」という印象があります。目から一番遠いところである手や靴が美しいことは、隅々まで神経が行き届いている人、気配り、心配りができる人であると感じるからです。

手だけでなく、爪のケアも大事です。
爪は、知らず知らずのうちに伸びています。
はっと気がつくと、「あ、こんなに伸びている」と驚きます。
爪は「生命力」を感じるパーツです。

気持ちが落ち込んでいるときも、前を向けないときも、どんなときも、生きている証のように爪は伸び続けています。
昔、脚本家の北川悦吏子氏が、病気を患い自暴自棄になっていたときのことです。ケガをした指先から赤い血が流れてきて、その血があたたかくて、「私は、ちゃんと生きている」と勇気をもらったという話をされていました。伸びている爪を見ると、いつもこのお話を思い出すのです。

爪を短く整えながら、前に整えたときからの時の流れや、起った出来事をたどったりします。

「よく頑張ったね」と自分を褒めてあげたいときもあります。

伸びた爪の長さを整えることは、過去をリセットし、いまに焦点を当て、また前を向いて、時間を積み重ねていく儀式のように感じることがあります。

髪と同じように、1カ月に1回は、ネイルサロンでプロにケアをお願いします。

長さを整え、甘皮やささくれを取り、表面を磨きます。

そして、手のパラフィンパックをして、オイルマッサージをすると、血行が良くなり、手も若返ります。

手は、その人の生きざまが表われるところかもしれません。

職人さんの手や父や母の手、そして子どもの小さな手、いろいろな手にこもった時間や意志や、あたたかさ。年老いた手、小さな手でも幸せは掴めるのです。

自分の手は、自分の顔と同じように、暮らしぶりや生きざまが作り上げていくものなのでしょう。

今日もハンドクリームとネイルオイルを小さなバッグに入れて出かけます。
ちょっとしたすきま時間に、手と爪をケアするルーティンが、心のリセットタイム。
生きていることを感じながら、自分を労る小さなルーティン。
素敵な暮らしの物語は、手とともにあるのです。

Way of Life Called
Minimum Rich

Lesson 6

サザエさんタイムのアイロン掛け

日曜日の夕方から夜にかけての時間帯は、何とも表現できない空気感があります。

ゆるやかな静寂の中へとだんだんと沈んでいくように時間が落ちていきます。

金曜日とも土曜日とも違う感情の粒子が心の中にも落ちてきます。

それは、何をしていても、誰といても、小さい頃から変わらない、「世界でたったひとり」という粒子のように感じられるのです。

休日が終わってしまう一抹の寂しさや、明日からまた始まる日常の重みなど、言葉にできない焦燥感と責任感。

夏休みの最後の1日や、祭りの最終日のようなあの空気感と似ています。

「サザエさんタイム」とも言われるこの時間帯は、窓に灯りがひとつずつ灯るたびに、幸せと不幸せの境目が、この世にある気がしてしまうのです。


このサザエさんタイムには、アイロン掛けが私のルーティンです。

明日からの仕事で着る、洗い立てのシャツの襟と袖を、皺なくパリッと伸ばし、パンツのセンターラインをキリッとさせます。

熱で、皺がなくなっていくのを見ていると、私の心の粒子も溶けていきます。

美しく整えられたコーディネイトを見ながら、「よし、また明日からがんばろう」と、パリッとした気持ちと、キリッとした軸を取り戻すのです。


もう何年も続く、このサザエさんタイムのアイロン掛けは、私を整えるライフワークとも言えるルーティン。

たかが洋服ですが、されど洋服。

「素敵な洋服を着て、笑顔でいれば、いいことがあるさ」と思える日曜日の儀式なのです。

Way of Life Called
Minimum Rich

Lesson 7

食べ物も量から質へ

「生きるとは、健康な肉体の維持のこと」だとお客様は、おっしゃいました。

「どう生きるか？」と問われると、精神論ばかりを考えがちでしたが、「そう言われれば、確かに、そうだな」と腑に落ちたのです。

魂は健全でも、それが宿る肉体が滅びてしまったら、お終いなのだとおっしゃったのです。

食べるために働いているはずなのに、働くことに一生懸命になりすぎて、食べることをないがしろにしている私には、大きな学びとなりました。

量より質を重視します。質の良いたんぱく質をとり、野菜を中心にバランスよく食べます。

「腹八分目の状態の方が頭は冴えるし、ちょっと足りないぐらいの方が、勘が働く」ともおっしゃいました。

病気をしないというだけでなく、生涯、元気でいることが重要なのです。

やりたいことを思い切りできる肉体を維持するには、やはり食べ物。

お客様は、何よりも体が資本だと考えているので、質の良い食材にこだわりがありました。

産地や生産者の顔が見えるものを選び、生産者の方とも積極的につながり、情報を得たり、投資も惜しまなかったのです。

私は、当時、「1円でも安いスーパーで買う方がお得」と思っていたので、「そこまではできない」と感じていました。けれど、お客様から、「根菜だけでも有機野菜や産地直送のものを取り寄せて食べてみたら？」とすすめられ、ある日、有機栽培のじゃがいもと人参で肉じゃがをつくってみました。

その肉じゃがは、いままで味わったことのない豊かなおいしさでした。

自然の甘みを感じました。土や太陽のエネルギーが凝縮されていて、力が湧いてくるように感じました。いま、食べているものが未来の体をつくるのだと実感したのです。

何を食べて毎日を過ごすのかは、未来の健康に直結します。

「長く使うものにお金を遣う」というお客様の哲学に従えば、自分の体が一番長く使うのです。自分の健康に一番投資するのは、ミニマムリッチな生き方です。

多くの量は必要ありません。体が喜ぶ質の良いものを少しだけいただいて心も満たしましょう。

Way of Life Called
Minimum Rich

Lesson 8

半径1キロの中で楽しむ散歩

健康維持のため、散歩は欠かせません。散歩なら準備もいらず、お金もかからず、無理なく続けられます。

2駅くらい歩くと、じんわりと体もあたたまり、いい運動したなという感覚になります。近所の花屋で、季節の花が変わっていく様子に心が動き、お気に入りのパン屋の前を通り、いい匂いに癒やされます。五感も刺激されるのです。

公園の中を横切り、神社へ立ち寄ったり、セレクトショップのウィンドーを眺めたり。新しいランドマークまで足を伸ばし、ニューショップを覗いたり。

都会ほど、散歩に向いている場所はないなと思います。

自然の多い地方都市に移住した友人は、地方では車で移動することが多いから、東京にいたときの方が歩いていたと言います。

東京は緑も多いですし、公園も多いと思います。

暮らすなら、やはり徒歩圏内に、大きな公園とセンスのいい花屋、おいしいパン屋、落ち着くカフェがあるところが理想だなと思います。

毎月、1日と15日には、朝早く起きて、氏神様といわれる近所の神社への参拝が恒例行事。

日頃の感謝を伝え、この土地に住んでいるものとしてご挨拶をします。

住む場所を愛することは、日々の暮らしを愛すること。

どこで生まれるかは、自分では選べませんが、どこで暮らして、どこで死ぬかは、自分で選べるのかなと思います。

環境は、その人の花の咲き方、花の特徴を決定づけると思います。

同じ種でも、北海道で咲く花と、沖縄で咲く花は、違うからです。

自分が美しく咲くことができる環境を選べるようになりたい。

そう思いながら、暮らしてきました。

その暮らしは、小さくて十分なのです。

「小さく暮らすこと」は、背中を丸めてうつむくことでも必要以上に縮こまることでもありません。

半径1キロの中で冒険をしたり、感動したり、等身大の自分が心から楽しむ暮らしです。

Column

小さく暮らす人が選ぶ
「長く付き合いたい本当にいいモノ」

5

ロイヤル コペンハーゲンのお皿
～ブルーフルーテッド プレイン

人は、なぜ「ブルー」という色に惹かれるのでしょうか。

「空や海、地球を連想させるから」「自由や永遠を象徴するような色だから」と、さまざまな理由が思い浮かびます。ブルーは、西洋、東洋問わず、世界中で愛されている色のようです。

人のDNAに組み込まれているような、自然の一部のように感じるこの色は、細胞レベルに訴えかける色なのかもしれません。

ロイヤル コペンハーゲンの「ブルーフルーテッド プレイン」は、長年、私たちの心を捉えてはなさないもののひとつです。

ロイヤル コペンハーゲンは、いまから240年以上前の1775年、デンマークで王立の磁器製作所として開窯しました。ブルーは貴族が好んだだけでなく、一般大衆からも広く愛されたのです。

中国の染付の皿（白地にブルーで絵付してある皿）からインスパイアされ、発展したものと言われていて、私たち、日本人にも馴染みのある色合いであることも、長年魅了される理由のひとつかもしれません。

結婚式でも「サムシング・ブルー」といってブルーのものを1カ所、身につけると幸せになると言われていて、ブルーは、幸せの象徴の色のように感じていました。

いまはもう会えなくなった幼なじみから、結婚のお祝いにいただいた、このブルーフルーテッドのお皿は、いまも大事にしている宝物です。

とても大事にしていたのですが、少しだけ縁が欠けてしまい、気になっていたところ、「金継ぎ」という手法があると知り、このお皿を修復することにしました。

欠けたり割れたりした器を、漆を使って修復する伝統的な技法、それが金継ぎです。「金継ぎ」と言いますが、実はほぼ漆で修復していて、金は最後の仕上げのときにのみ使います。漆は天然素材で耐久性も高く、食べ物を入れる器に使用しても安心だそうです。仕上げに、金粉を蒔いていくのですが、金色が、ブルーとホワイトのアクセントとなり、何とも良い感じに仕上がりました。

日本古来の、伝統的なこの技法は、いま、また注目されているようです。

修復することは、生まれ直させ、生き直させること。あらためて、このブルーの色に「永遠」を感じた瞬間でした。

大人になれば、「永遠」ということはないのだと、知ることになります。

幼なじみと、「ずっと友達でいようね」と誓った青い春。ずっと続くものはないからこ

ロイヤル コペンハーゲン
のお皿

ブルーフルーテッド プレイン

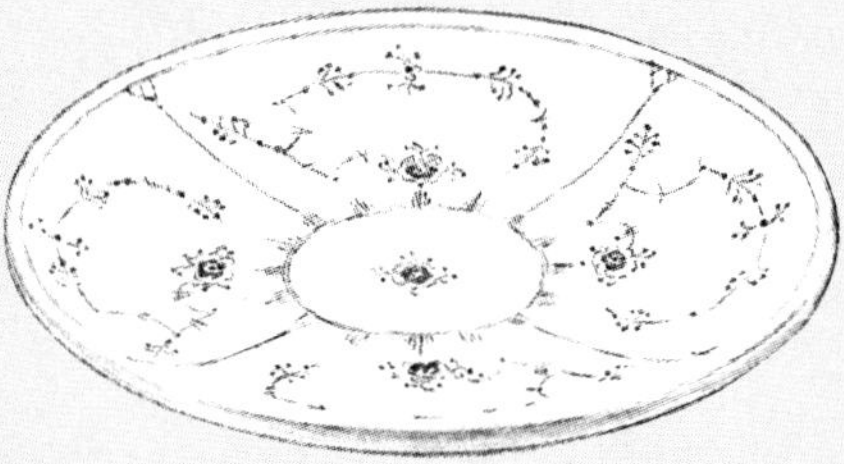

そ、一瞬一瞬は儚くて美しいのだと、大人になったいまは、わかります。

この「金継ぎ」は、未来へと時間をつなぐ儀式のように感じました。

家の中で電球が切れたり、電化製品の買い換えのタイミングが、運気の変わり目とも言いますが、大切なものを修復するタイミングは、自分自身の人生の節目になるのかもしれません。

金は強度が大きく、錆びにくく、折れにくく、柔軟に変化すると言われています。

そんな金の特性を自分自身にもプラスして、これからまた、しなやかに、暮らしていける気がしました。金をまとった永遠のブルーと一緒に。

私の
小さなご褒美

大人のミニマムリッチ旅

Chapter 7

Way of Life Called
Minimum Rich

Lesson 1

大人のゆったり旅は詰め込みすぎない

アフターコロナになり、「旅したい」という思いが強くなりました。

私は、お家が好きなので、休日ごとにどこかに出かけるタイプでもないのですが、旅は、やはり特別。自分のことをあらためて見つめることができますし、なりたい自分に近づける気がします。

大人になってからの旅は、「量から質へ」。スケジュールも荷物も詰め込み過ぎず、ゆったりと上質な気分で楽しみたい。

体力勝負というわけにもいかないので、疲れないよう優先順位を決めて、「ここだけ」「じっくり」と欲張らないことにしています。

「また、行けばいいし」と焦らず、のんびり過ごします。

時間に追われると、駆け足で回ることになるので、一つひとつの印象が薄れてしまいます。

ひとつだけ、旅の目的を決めることにします。

たとえば、「屋久島で縄文杉に会いに行く旅」と決めたら、その目的が叶うように時間を逆算して計画を立てていきます。

混み合うのは避けたいので連休ではなく、その前後の週末や平日を選びます。

車での旅が好きな友人は、軽井沢への週末旅を楽しんでいますが、混み合わない昼過ぎに東京を出て、翌日の昼には戻ってくるというスケジュールだと教えてくれました。お気に入りのホテルでゆったりすることが目的なら、十分満足できるのです。

また、別の友人は、箱根まで朝食を食べに早朝から出かけ、お昼過ぎには帰ってくるという小さな旅でリフレッシュしています。

せっかく出かけるのなら、あれもこれもと思いますが、1回ですべてを叶えようと欲張らず、2回、3回と同じ場所に行けばいいと私も考えるようになりました。

旅で大事なのは、やはり食事です。食事の時間はゆったりと楽しみたいので、どこで食べようかと迷ってしまったり、行き当たりばったりでハズしてしまうと満足度が下がって残念な気分になるので、あらかじめ信頼できる友人にリサーチします。

その地域に住んでいる友人に、観光客ではなく、地元の人が普段に行くような店を紹介してもらったり、年に2回は国内旅行と海外旅行に行くという美容師さんから、髪を切りに行くたびに情報をもらいます。ガイドブックは、感覚や好みの合う人が書いているものを探して参考にすると、満足度が高いです。

料理研究家の栗原はるみ氏の料理レシピが好きで、味の好みも似ていると感じていたので、栗原氏が実際訪れた店の食べ歩きガイドブックを片手に旅をしたことがあります。

こんな自由で気ままなゆったり旅は、やはりひとり旅が最高です。

自分の好きなように過ごせる時間は、心にたっぷりと栄養を与えてくれます。

遠くでなくとも、小さいバッグひとつで、ふらっと出かける日帰り旅は、どんなエステやマッサージより効きます。

旅の良さは、「何者でもない自分に返ること」。肩書きも役割もすべて放り投げて、ただの自分に戻れます。小さなエスケープ旅は、自分を解放できる、とっておきのひとり時間です。

Way of Life Called
Minimum Rich

Lesson 2

旅の相棒は
いつもの
お気に入りだけ

旅の支度をしているとき、「このトランクひとつで暮らせたら、どんなに幸せだろう」といつも思います。「旅をするように、トランクひとつで暮らす」のは私の憧れです。

お気に入りだけ入れたトランクは、私の暮らしそのもの。

普段から使い慣れた定番のお気に入りを、旅のときも持っていくようにしています。バッグも靴も、軽いものが定番です。両手が空く斜め掛けのバッグに、いつものスリッポンかサンダル。

旅先での予定を考えて、素敵なカフェやレストランに行くなら、その時、一番のお気に入りのワンピースとパンプスを持っていきます。

気分の上がる服と靴でないと、その空間や時間を心から楽しめないからです。

昔は、旅行着は実用重視で、ブルゾンやデニム、スニーカーと、合理性を意識して選んでいましたが、いまは、お気に入りの好きな服が一番心地良いと気づきました。

化粧品やヘアケア、ボディケアも、いつもと同じもののミニサイズを持っていきます。

妥協して、もらった試供品ばかりを持っていって、匂いも使い心地も満足できなかったことがあるからです。

やはり、いつもと同じ香り、同じテクスチャーが心地良いのです。

特に、香りは気持ちを落ち着けてくれる効果がありますから、気持ちが上がる、いつもの好きな香りを持っていきます。

また、海外のリゾート地には、「日本で着るには、ちょっと派手で勇気がいるかも」と思うドレスを1枚、持っていきます。

南国の光や風、空気の中で、鮮やかな色をまとうと、気分もビビッドに生まれ変わります。

沈む夕陽を眺めながら、鮮やかなドレスで過ごすサンセットタイムは、極上です。

いつものお気に入りアイテムと一緒に、素敵な旅をコーディネイトしましょう。

Way of Life Called
Minimum Rich

Lesson 3

服装から
気持ちを上げる

香りと同じくらい重視するのは、やはり洋服の素材、触感です。

シルクウールのストール、カシミヤのカーディガン、オーガニックコットンのパジャマなど、肌触りの良いやわらかな気分になれるものを選びます。

夏は、ドライ素材のインナーや下着が通気性も良く、早く乾くので快適です。

旅慣れた友人は、無印良品のフレンチリネンのハンカチを長年愛用していて、吸水性も良く、乾きも早く、旅行には最適とのことでした。

少し大判のものなら、ドライヤー前に、ドライ用のタオルとして濡れた髪に使うと吸水性抜群なので、早く乾くとも教えてくれました。


コーディネイトは、アウターから選びます。軽くて動きやすく、着心地の良いことが大切です。重かったり、かさばるアウターは、疲れの原因となります。

旅では、温度調節ができることは重要なので、まずは、アウターを決めてから、ボトム、インナーという順番です。

また、ストールや帽子、アクセサリーなどの小物は、コーディネイトのアクセントになり、多くの服を持たなくても気分転換ができますから、必ず持っていきます。

そして、清潔&快適な服装で過ごすためにも、ホテルのランドリーサービスや、靴磨きサービスも利用する価値があります。

一流ホテルは、さすがにおもてなしのクオリティが高く、汗をかく時期は、麻のソフトジャケットなど、汗ジミにならないようクリーニングに出すと、美しく、ぱりっと仕上げてくれます。靴も、新品のようにピカピカになって戻ってきます。

こんなサービスを受けられる自分は、価値があるのだと思わせてくれるのも、一流ホテルならではです。

いつもの持ち物も、いつもの自分もおもてなしする、とっておきのご褒美です。

Way of Life Called
Minimum Rich

Lesson 4

部屋は自分ファーストにカスタマイズ

「暮らすように旅する」には、部屋のカスタマイズは欠かせません。

部屋に入って、まず、最初にすることは、持ってきた洋服をクローゼットにハンガー掛けし、靴を並べ、自分流のクローゼットを作ります。

シーン別のコーディネイトを考え、順番に並べていきます。

美しいクローゼットが完成すると、自分の家のように、その部屋に愛着が生まれます。

そして、机の上に置かれたパンフレットなどの紙類やファイルをすべて引き出しの中に入れ、すっきりと整えます。

重要なのは、ゴミ箱の位置とコンセントの場所。動線がスムーズになるよう、ゴミ箱を移動させたり、どこでスマホを充電させて過ごすかを決めます。

机やベッドを少し移動させることもあります。

ある一流ホテルでは、長期滞在のお客様が仕事がしやすいよう動かした机の位置をスタッフが覚えていて、次に訪れたときに、ドアを開けると、同じレイアウトになっていたそうです。

これも、一流ホテルならではの一流のおもてなしです。


洗面台も、ポーチから化粧品を出して美しく並べ、タオルも並べ直します。

使い勝手の良い、美しい洗面台は広くて快適。スキンケアもメイクも楽しくなります。


近場のホテルは、ランチやアフタヌーンティで利用するという方も多いと思いますが、「自分のために部屋をとる」というのは、やはり特別感があります。

そして、私のこだわりは、自分の部屋より広い部屋を予約することです。

その広い部屋の余白こそが、自分の心も広くしてくれます。

Way of Life Called
Minimum Rich

Lesson 5

近場の極上ホテルステイ

自分へのご褒美にしたいのが、近場のホテルステイ。憧れのホテルに、最小限の手荷物だけ持って、何もせず空間を満喫します。安く泊まれる時期を選んでのステイがお得です。

お客様から、「ホテルの中でもワンランク上のサービスが用意されている、クラブフロアへの宿泊がオススメ」とは聞いていたのですが、「そこまでは必要ないかな」と考え、いつもシンプルステイにしていました。

しかし、実際に泊まってみると、断然、お得ですし、満足度が違いました。クラブフロアへの宿泊なら、クラブラウンジを利用できますので、ラウンジでゆったりと過ごせます。

ティータイムに紅茶とスイーツ、カクテルタイムにアルコールとおつまみを楽しんだりと滞在中何度でも、利用できます。

飲み物や食べ物を外に買いにいく手間もないですし、ホテル滞在が目的なら、ホテルステイの充実度がワンランクアップします。

専用フロアで並ばずにチェックインもできますし、高層階からの眺めも格別です。昼はスパやエステ、ジムでリフレッシュ。夜は夜景を楽しみながら音楽を聴く。特別な場所で好きなことだけしているうちに、心がじんわり満ちてくるのです。

そしてホテルステイでは、やっぱり朝食が魅力です。家では、朝からこんなに品数を用意することはありませんし、おいしいご飯で1日をスタートできるのは、やはりテンションが上がります。

シンプルステイよりも、朝食付きの方が何千円かは割高でも、満足度は格段に上がります。

優雅な朝食をゆっくり堪能するためにも、夜の食事は軽く済ませ、早く寝て、贅沢な朝食をいただきます。

東京のパレスホテルや神戸の北野ホテルは、ラグジュアリーな朝食で有名です。

日比谷公園近くのペニンシュラホテルは、皇居の近くでオーラも一流ですし、ホテル周辺にも楽しめる場所がたくさんあり、充実して過ごせます。

ホテル近くの帝国劇場でお芝居やミュージカルを見たり、丸の内仲通りは外国のような雰囲気でウィンドーショッピングも楽しめます。

また、ザ・カハラ・ホテル&リゾート 横浜は、ハワイの雰囲気に浸れますし、葉山や那須など、御用邸のある場所のホテルには格式があります。

非日常感を味わえる近場のホテルステイは、最高にラグジュアリーなご褒美です。

Way of Life Called
Minimum Rich

Lesson 6

旅のお土産は暮らしの彩り

旅で出会ったモノにも、ときめく瞬間があり、一期一会と感じたモノは、いまも我が家で一緒に暮らしています。それも1軍のモノばかり。
香港のお皿、パリのジュエリーボックス、ハワイのエコバッグ、京都の茶筒、広島のしゃもじなど、日常で使えるものがほとんどです。それぞれテイストが違っても、自分が選んだお気に入りが集まれば、それらはなぜかしっくりと馴染むから不思議です。

旅の記念になるようなオブジェは、どうしても欲しくなるのですが、どんどん増えて飾り棚を占領していくことになるので、気に入った絵のマグネットをひとつだけ買って、冷蔵庫に貼っています。

やはり、普段の暮らしで使えるものが、旅の思い出を日々、色濃く、彩ってくれる気がします。

日常から離れて旅に出かけ、帰ってきても、その思い出が、また日常に新しい色のベールをかけてくれます。

使うほどに愛着が湧き、使うたびに楽しかった思い出や美しい風景が心に広がります。日常の中にも楽しかった旅の記憶を散りばめて、心豊かに暮らしたい。旅のお土産は、旅の記憶とともに日常の中で小さな輝きを放つのです。

Column

小さく暮らす人が選ぶ
「長く付き合いたい本当にいいモノ」

6

バカラの置物〜まねき猫

玄関は、言わばその家の顔です。あなたの家の玄関は、どんな顔をしていますか？
できれば明るい顔で、人も運も呼び込みたいものですね。
我が家の玄関に鎮座するのは、バカラのまねき猫です。
クリスタルガラスでできたこのまねき猫に出会ったのは、丸の内のバカラショップ。
ショーウィンドーから、「幸せはこっちにあるよ」と言わんばかりに、私を手招きしてくれました。

バカラは、フランス東部のロレーヌ地方にある小さなバカラ村で始まったクリスタルガラス製造の名門です。ルイ15世から工場設立の許可を受け、1764年から現在まで、世界中の人々の暮らしの中で、美しい輝きを放ち続けています。

丸の内の仲通りは、皇居の近くにあり、オフィスやブランドショップが建ち並ぶ洗練された東京の玄関口。この場所は、私にとってのパワースポットです。

ハードな仕事が続き、疲れた体と心を引きずって歩いていたところ、クリスタルの透明感ある輝きと金で描かれた愛らしい表情のこの猫が、私を元気にしてくれました。

福を招く日本生まれのラッキーモチーフとして世界中から愛され、商売繁盛の縁起物として大切にされている「まねき猫」。

「まねき猫」といえば、東京都世田谷の豪徳寺が有名です。戦国時代に井伊家断絶の危機を救ったという女当主、井伊直虎の孫が、豪徳寺の門前で猫に手招きされて寺に入ったところ、落雷に遭わず命拾いしたことに由来しているという説もあります。

このバカラのまねき猫は、フォルムもコロンとしていて愛らしく、1日を終えて辿り着いた玄関で「お帰り」と手を挙げて迎えてくれるとほっとします。

運のいいお客様は、「玄関は運の入り口」とおっしゃっていたので、いつも玄関をきれいにと心掛けていましたが、このまねき猫も、私にとっての運を呼ぶシンボルでもあります。

バカラのまねき猫は、いくつかの色や種類があり、クリアの猫は右手を、ミッドナイトの猫は左手を挙げています。

そして、首にはバカラのロゴマークの鈴をさげています。

「右手は金運」を、「左手は人脈を呼ぶ」とも言われていて、私はお金より人に恵まれる人生を送りたいなと思い、左手を挙げているミッドナイトを選びました。
人に恵まれれば、それはお金以上の財産ではないでしょうか。
今日も、玄関から、コロコロと鈴の音が聞こえてくるような気がします。
その鈴の音は笑声のように聞こえるのです。「今日も笑顔でいってらっしゃい」と。

バカラの置物

まねき猫

小さくても大きな幸せを感じる人づきあい

人づきあいのミニマムリッチ

Chapter 8

Way of Life Called
Minimum Rich

Lesson 1

お金をかけるなら、誰か一緒のときに

運が良くてお金にも人にも愛されていたお客様のお金の使い方には、哲学がありました。

自分だけで行動するときは、食事はレストランではなく、サンドイッチだけで軽く済ませたり、出張もグリーン車ではなく普通車を利用されていました。

けれど、ご家族やご友人と一緒のときは、相手の好みに合わせて予約が取れないような人気の一流レストランを選ばれていましたし、旅行はグリーン車やビジネスクラスを使われました。


「自分は質素に、人には贅沢」を徹底されていたのです。


人にはケチケチしたり、中途半端なことはしません。気持ちいいくらい、どーんとお金をかけるのです。

モノよりも経験と時間をプレゼントします。

モノは、どんなに高価なものでも好みがありますし、高価なものをもらっても、時間経過とともに劣化をしていくことは防げません。

けれど、「一緒においしい食事をした」「一緒に素敵な旅をした」という経験や時間は、人生に打ち上がった花火のように、いつまでも脳裏に焼き付くのではないでしょうか。

私は、当時、差し入れやお礼などのギフトを贈る際、相手が負担にならない程度のものをと思い選んでいたのですが、先に予算を決めてしまうと、「これでいいかな」と妥協してしまうことが多かったなと反省したのです。

値段の高い、安いではなく、本当に相手が喜ぶもの、自分が本当にいいと思うものを最優先にして選んだ方が、お互いに満足度は高くなると気づいたのです。

印象に残っているお客様たちは、ショップでのお買い物の際、最初にどーんと気持ちよく買われます。

ですから、店のスタッフ全員が、そのお客様の顔と名前を覚えます。そのため、次回、来店されても、全員が買ったものを覚えていて、高いレベルで接客できるのです。

差し入れも、コーヒー専門店からポットごと届いたり、有名パティシエ店の「予約は何カ月待ち」という貴重なクッキーだったりと、いまでも、あのときの高揚感が記憶に残っています。

自分でも買えるようなものを、ちょこちょこと何度も渡すギフトより、1回に集約して、どーんとインパクトのある心に響くものを選んだ方が、長く印象に残るのだと勉強させていただきました。

安易に選んだ1000円のものを10回差し上げるより、1万円のものを1回大事なときに選びぬいて差し上げる。それは、1万円のバッグを10個買うより、10万円のバッグを買って大切に使うというミニマムリッチの哲学と似ています。

「ちょこちょこギフト」は、インターネットで、ついついしてしまう「ちょこちょこ買い」とも似ています。相手を思う気持ちを形にすることはすばらしいのですが、コスパを重視してギフトを選んでも、自己満足で終わってしまうことも多いのではないでしょうか。

「コスパ」を重視する人ならなおさら、普段から、ギフトも安いか高いかだけで判断しないことです。「本当に良いものを選ぶ習慣」が人づきあいでも大事なのです。

Way of Life Called
Minimum Rich

Lesson 2

モノより体験にお金をかける

お金にも人にも愛されていたお客様は、質の良いものをお召しになっていましたが、目立った派手さはなく、地味で質素、堅実な印象です。

モノより体験にお金をかけるお客様が圧倒的に多く、そのレベルもスケールも別格でした。

ご自宅にゲストを招く機会が多く、おもてなしが大好きな方が多いのも特徴です。一流シェフや有名店の寿司職人を自宅に招いてパーティをしたり、楽団を招いてのコンサートも自宅で開催されていました。

音楽や芸術にも造詣が深く、若い才能のある音楽家やバレエダンサーのために発表の機会を設け、その劇場に多くの方を招待されていました。

招待された方は、「〇〇さんのお陰で、こんな体験をしたの」と周囲の方に話されるので、そのお客様の評判はどんどん上がっていくばかりでした。

お金の貯め方よりも、お金の使い方に、人柄が出るのかもしれません。

周囲の人と体験を共有することは、何よりも人間関係が豊かになるのだと感じます。

私は、ここまでのレベルでの体験共有はできませんが、一緒にランチに行く、1泊旅行をするなど、普段とは違う、非日常感が味わえる体験を周囲に還元していくお金の使い方をお世話になった方や家族にしたいなと思いました。

「ここまでのレベル」と書きましたが、実は、ものと違って、「体験に優劣はつけられない」のです。

ニューヨーク5番街の5つ星ホテルに泊まる体験と、沖縄の離島で満天の星空を見る体験では、好みはあっても、どちらが優れた体験かというモノサシはありません。

そのお客様とのエピソードは、他にもあります。

当時、私は、キャリアカウンセラーという仕事を知り、天から降りてきた使命のように感じたと、そのお客様に話したことがありました。

けれど、資格を取るための投資をしても、転職して本当に食べていけるか、わからなかったので迷っていました。

授業料と同額の素敵なバッグを接客しながら、内心、「このバッグが買えるな」と思っていたのです。

けれどお客様は、「このバッグは、20年後には劣化するけれど、資格は、20年後にはあなたを活かしてくれるわ」とおっしゃったのです。

まさに、モノより体験に投資するお客様に背中を押していただいたのです。

この体験から、「自分に投資することは、自分が頑張れば回収できる」「体験に投資することで、人生に豊かな彩りが生まれる」と実感したのです。

あなたは、どんな体験を、誰としたいですか？

Way of Life Called
Minimum Rich

Lesson 3

器に合った選択をする

当時、私は店長となり、後輩たちと食事に行くときは、ご馳走しなければと思うようになりました。

翌朝、「ごちそうさまでした」と出社と同時にお礼を言ってくれる人もいれば、知らん顔の人もいて、「相手の反応を気にしているようじゃ、私もまだまだ器が小さい、人にご馳走する資格がない」と落ち込み、軽くなった財布だけを持ってひとりでランチに出かけ、立ち食い蕎麦をすすっていたことを思い出します。

また、2次会も、上の者がいない方が盛り上がるだろうと考え、「お先に失礼するね」と、自分ひとりで帰るようになりました。

そんな日々は、やはり「寂しい」と感じることもありました。これはお金がもったいないという話ではありません。上に立たなければ見えない素晴らしい景色もあります。けれど私は「人の上に立つ立場になるということは、孤独だな」と実感したのです。

ディズニーの名作「アナと雪の女王」は、ご存じの方も多いと思います。

「ありのままでいいの」と歌うエルサに、心の芯まで震えた方は多かったのではないでしょうか。

この物語の、もうひとつのテーマは、「塔の上にいる孤独」です。

力を持ったとき、人は塔の上に登ることになります。

塔の上から見ると、下では、皆が楽しそうに集い、歌っています。

力を手放せば、塔の下に降りることができます。

けれど、力のある人は、下に降りて、皆で歌っていても、また違った寂しさを徐々に感じていくことになるのです。

エルサは、生まれたときから、人とは違う才能を持っています。

この才能を持った人は、人とは違う場所で生きていくことになります。

それは孤独ですが、自由とセットです。

才能と覚悟を持った人は、高いレベルで才能を磨き続ける使命と、多くの人に幸せを還元する覚悟が求められます。

そんな人に憧れ、多くの人がファンになってくれます。

ファンとは、才能に課金してくれる人です。

その大事なお金で、また才能を磨き、世の中にお返ししていくことが使命なのです。

私は、人には器、器量があると思っています。これは限界があるとか、選ばれた人だけがいいということではなく、自分の適性量があるということです。生まれ持った性質のようなものです。

私には、店長という器、器量がなかったなと感じています。

器以上のことをしているとき、その器が努力で大きくなっていく人と、割れてしまう人がいるのではないかと思います。

割れてしまうかどうかは、急に人格が変わったようになったり、体調が悪くなったりということが起こりますから、わかります。自分も周囲も辛くなり、自分のことが自分で好きになれないでしょう。

そんなときは、違う器に変える必要があります。

もう少し小さい器か、まったく形状の違う器です。

その器の柄が気に入っていたり、丁度いい容量だなと感じるとき、それが、あなたの適量な器になります。

それは、大きい、小さいは関係ないのです。

あなたに合った丁度いい器を見つけたとき、とてもフラットでいられます。その器で、おいしいお酒が、まわりの人と一緒に飲めるのではないでしょうか。

Way of Life Called
Minimum Rich

Lesson 4

成功者は サイコパス

「成功している人は、サイコパスが多い」。

ある起業家の方が、言いました。
私は、びっくりしたのですが、サイコパスというのは悪い意味ではなくて、「冷静、論理的、動じない」という特徴があると言いたかったのだと理解しました。

映画の宣伝の仕事をしている友人は、「ヒューマンドキュメンタリー映画の試写会で泣いている人がほとんどの中、泣いていない人は実業家や社長ばかり。感情移入せず、どうしてこうなったのかと考えていたらしい」と言っていて、前述の話を思い出しました。

また、ベビーシッターを派遣するビジネスをしている人は、「子どもが好き過ぎて、情にほだされてしまう人は向かないかも」と言っていて、こんなエピソードを話してくれました。17時までの契約でも、「仕事が長引いたから延長してほしい」というクライアントである母親からの要望に、会社がNOと言っても、無償で引き受けてしまったベビーシッターがいて「気持ちはわかるけど、ボランティアではないから、共感したうえで、きちんと交渉してほしい」と。

似たことは、キャリアカウンセラーの仕事をしていてもありうることです。相談者に感情移入し過ぎて、セッションの仕事が終わってからも、その人のことをずっと考え続けてしまう。これは時間外ですし、こんなことが続くと、好きだった仕事も、自分を追い詰めてしまうことになります。共感力が高いことは、カウンセラーに向いていると思っても、要注意なのです。

人間関係も同じです。感情移入し過ぎず、距離感と温度感が適正なのかを、常に自己チェックしていく必要があります。

職場の人間関係で悩む人も多いのですが、やはり余白が必要です。

余白をつくるには、「スルー力と感謝の気持ち」の使い分けです。

若いときは、この「スルーすること」が難しいと感じていました。

「何となく気まずい？」「あれから冷たくなった？」などと感じているとき、すぐに「何とかしなくちゃ」と焦って距離を詰めてしまい、墓穴を掘ってしまうことがありました。

こんなときこそ「スルー」です。ほうっておきます。少しボタンをかけ違えているだけだと知らんぷりを決め込み、いま、自分がやるべきことに集中します。

無理に話しかけたり、ご機嫌を取る必要はありません。

時が経てば、一番ベストなタイミングで、話す機会も訪れます。

何もなかったかのように明るく笑顔で接すればいいのです。

そして、「いつもありがとう」と、一言感謝を伝えれば十分だと思います。


人間関係に悩むときは、自分に余白がないとき。余白という何にも囚われない時間が、自分を救ってくれます。

悩むときこそ、ひとりの時間で余白をつくって、スルー力を養いましょう。

Way of Life Called
Minimum Rich

Lesson 5

全力で聞くだけで十分

私は「人の話を聞くことがやや苦手」でした。

中学生の頃から、友達、そして先生からも「ねぇ、聞いてくれる？」と話しかけられることが多かったからです。けれど、「もしかしたら、話を聞くことが仕事になるかも」とぼんやりと思ったことを思い出します。仕事とは、人の悩みに寄り添い、役に立つことだからです。

ただ聞くのではなく、全力で聞くとお腹が空きます。

販売スタッフだったときも、全力でお客様の話を聞いた日は、本当にお腹が空いて、ご飯をおかわりしました。「聞くことは話すことより、エネルギーがいる」と思ったものです。けれど、ご飯をおかわりした日は、売り上げもよく、「人は話を聞いてくれる人に心を開く」とはよく言われていますが、数字として実感することになりました。

よく「雄弁は銀、沈黙は金」と言われますが、まさに、しゃべり過ぎず、聞く側に回ることで、どんどん有益な情報が入ってきました。

そんなとき見つけたのが、『大金持ちをランチに誘え！』（東洋経済新聞社　ダン・S・ケネディ著）という本でした。

「チャンスがあるなら、お金と時間と足を使って、実際にやってみること」という教えなのですが、当時、こんな素敵なお客様の話を聞くチャンスがあるなら、他の人の2倍、話を聞こうと思ったのです。


人づきあいの「ミニマムリッチ」は何か？　と考えたとき、質の良い最小限のコミュニケーションで、お互い豊かな気持ちになれるのは、「全力で聞くこと」ではないかと思います。

鼻と口はひとつだけど、目と耳はふたつです。きっと役割が倍だからでしょう。

「いつも相手の目を見て、全力で聞くことができる」

こんな小さなことが、日々の人づきあいの中ではとてもリッチだと思うのです。

小さな幸せを見つけて毎日ご機嫌に生きる

「もっと もっと」を手放す方法

Chapter

9

Way of Life Called
Minimum Rich

Lesson 1

感覚は次第に慣れていくもの

イェール大学の「心理学と幸せな人生」の授業を担当しているローリー・サントス教授によると、「快楽順応」と呼ばれる心理があるそうです。

それは、「何かすばらしい出来事が起ったときには最高の気分になるのに、少し時間が経つにつれ、その状態に慣れてしまい、最初の高揚感がなくなっていく状態」のことです。

これは、誰もが経験している心理だと思います。

私も素敵なバッグを買って、最初はワクワクした気分で持って出かけていたのに、徐々にその状態を「当たり前のもの」だと感じていきます。

そして、友人と会ったときに、その友人が、新作のバッグを持って現れると、「いいな」「欲しいな」と、感じてしまうのです。

誰にでもあるこの心理が、「もっともっと」と、制限なくモノを買わせてしまうのだと思いました。この「もっともっと病」にかからないためにも、こんな心理があるということを、頭の隅に置いておくことが大事かもしれません。

際限なくモノを手に入れても、本当に満足することはないということです。

すでに、十分モノを持っているお客様たちが、経験や人にお金を使うように、モノへの執着を手放すことで、このエンドレスに発病する「もっともっと病」にならずに済むのだと思います。


そして、「他者との比較」は、「もっともっと病」が加速して重症になるので要注意です。

私も、人が持っているモノが羨ましいと感じて、自分と比べて焦る時期がありました。

SNSなどで、日常的に人の持っているものが、嫌でも目に飛び込んでくる時代です。けれど、同じモノを手に入れても、「快楽順応」という心理が作用して、すぐに何とも思わなくなると思えば、少し冷静になれるのではないでしょうか。

きっと、次の「もっともっと」を探し始め、焦ってモノを手に入れたくなり、多くのお金を注ぎ込むことになります。

人の持ち物が羨ましくなるときほど、いま持っているもの、長く使っているものを見直します。モノと向き合うことは、自分と向き合うこと。

「やっぱりこれが好き」「私はこれで十分幸せ」と思えたとき、自分のことが好きになれます。

「もっともっと」を捨てたとき、本当に大事なものが見えてきます。

Way of Life Called
Minimum Rich

Lesson 2

心の中に「小さな幸福の定義」をつくる

前述のサントス教授の「幸福学」では、「銀メダルより銅メダル」の方が幸福度は高いとも言われています。

銀メダルは、「あと一歩だった」「悔しい」「惜しい」という気持ちになりますが、銅メダルは、「3位決定戦で勝てた」「あと1つ順位が下がっていたらメダルはなかった」と、「うれしい」「感謝」というポジティブな気持ちになれるからというものでした。

「成功」には、順位があるかもしれませんが、「幸福」に順位はないのです。

私も「成功の定義」と「幸福の定義」を同じようなものだと勘違いして、「頑張って手に入れたけれど幸せは感じない」と思ったことがありました。

「幸福の定義」は、人それぞれなのです。

小さな暮らしは、自分の心の中に「小さな幸福の定義」をつくることだと思います。

大きなことでなくていいのです。

日々、「これがあれば幸せ」と思えるものを一つひとつ挙げていきます。

・おいしいパン
・ふかふかの枕
・「ありがとう」と言われる仕事
・愚痴が言える友人
・健康な体　etc.

小さな「幸せあるある」が書ける人は、きっと自分だけの幸せの金メダルが、胸に輝いているのです。

Way of Life Called
Minimum Rich

Lesson 3

普段の「当たり前」をいったんなくす

さて、あなたの「幸せあるある」は、いくつ書くことができたでしょうか？

私は、「明日が見えない」「このままでいいの？」と不安になるとき、この「幸せあるある」を書き出すと、いまが、いかに恵まれているかを、実感することができます。


うまくいかないときほど、まだ手に入れていない幸せが、どこかに隠れている気がしてしまうのです。けれど、それは、焦りからくる妄想かもしれません。

前が曇って見えないときは、じっくりと足元を見ます。そうすれば、歩くべき道を教えてくれるのです。


この小さな幸せは、前述のように、日々の暮らしの中で「当たり前」になっていきがちで、時にスポットライトを当てなければ、彩りを感じなくなっていきます。

「幸せあるある」が、あまり書けなかったなという人は、「ネガティブ・ヴィジュアライゼーション」という方法があるそうですので、ご紹介します。

これは、「半強制的に当たり前のものがない状態に身を置いてみる」という方法で、たとえば、エアコンがない状態に身を置いてみると、エアコンがある暮らしが、いかに快適かがわかるというものです（あくまでも例で、猛暑では危険行為です）。

私は、先日、膝が痛くなり階段の上り下りが辛いことがあって、よくCMで見る「膝関節痛とはこのことか」と、びっくりしました。年齢とともに関節の椎間板がすり減ることがあるとは知っていたのですが、自分とは無関係だと高をくくっていたからです。

普通に歩けることが、こんなに価値があることだとは、いままで気づきませんでした。

誰もが少しずつ、確実に年をとっていきます。だからこそ、何でもない1日、平凡に過ぎる1日が、実は尊いのだと実感します。

以前、車椅子で通勤している女性と話したことがありました。

「どんなに毎日が忙しくて大変でも、自由に動き回れるだけで十分だった」「精神的に疲れて落ち込んでいたあの頃の自分に、そう言ってやりたい」とおっしゃっていたのが心に残っています。

人は、なくしたときに初めて気づくことが多いものだと、身に染みました。

また、ある友人は、お子さんの受験でかなりナーバスになっていて、いつもイライラしていて、気がつくと声を荒らげている自分を反省したそうです。

「健康で生まれてきてくれれば、それで十分だと願ったはずなのに」と。

いまあるものに感謝して、光を当てて慈しみ、大事に見つめ直すことが、暮らしに小さな彩りをもたらすのだと思います。

Way of Life Called
Minimum Rich

Lesson 4

「みんなひとり」を受け入れる

拙著『本当に必要なことはすべて「ひとりの時間」が教えてくれる』で、ひとりの時間の大切さは、多くの方々に共感をいただきました。

「ひとりは、何となく恥ずかしいと思っていましたがいまは楽しいです」「ひとり時間を充実させることを覚えて時間を大切にするようになりました」というメッセージもたくさんいただきました。

私たちは、小さな頃から「友達100人できるかな」という歌に「友達は多い方が幸せ」とすり込まれ、人間関係やコミュニケーションがうまくいかないと、「私はダメ」と自信をなくしていきます。けれど、みんなに好かれる必要はないのです。

大人になってわかることは、どんなに友達がたくさんいる人でも、孤独な夜はありますし、どんな強い人も弱さはあるけれど、見せないだけだということです。

「みんなひとり」ということは、大人になれば嫌でも知ることとなります。

生まれるときもひとりでしたし、最期もまたひとりだからです。

「最後から二番目の恋」（脚本 岡田惠和氏）という大好きなTVドラマがありました。都会から鎌倉の古民家に引っ越した独身のキャリアウーマンと、隣の家で暮らす家族との交流を描いたホームドラマです。大人たちの日常は、私たちと変わらないのですが、皆、底抜けに明るくて優しい。

嫌なことは笑い飛ばし、仲が良いからこそできる小さな喧嘩や愛のある軽快な言葉のやりとり。鎌倉の素敵な街を背景に、素敵な大人たちが活き活きと日常を過ごす姿に癒やされ、元気をもらえます。

「寂しくない大人なんていない。人生はいつか終わってしまうと知っているから」というメッセージを軽やかにお洒落に描いていました。

このドラマに出てくる大人たちが明るくて優しいのは、「みんなひとり」だと知っているから。

だから、家族や友人を大事にしている。だから、笑っている。

「最後から二番目の恋」というタイトルに込められた思いは、深いのです。人生の時間は有限だと知っているからこそ、恋だけでなく、仕事も旅も、「これが最後かもしれない」と思いつめるのではなく、「最後から二番目」だと心軽やかでいたい。次もきっとあるし、明日はきっと来ると。

まだまだ「大人の青春」まっただ中なのです。

人生は、長いようで短い。「みんなひとり」だから、生きている間だけは、人とのぬくもりを求め合い、絆を確かめたくなるのですね。

自分のことをわかってくれる人は、そんなにたくさんいないから、今日も言葉で、思いやりや感謝を伝えたい。

「大人って、淋しすぎると笑っちゃう。」というポスターのキャッチコピーは、淋しいときほど、思い出します。淋しくて笑っちゃう大人は、生きている小さな幸せを感じているのです。

Way of Life Called
Minimum Rich

Lesson 5

ありのままの自分の心地良さを知る

「PERFECT DAYS」という映画を観ました。公衆トイレの清掃員の仕事をする主人公の日常を描いたもので、台詞も少なく、映像と音楽が印象的な映画です。

早朝、近所に住む女性が道を掃き清める竹ぼうきの音で目覚め、歯を磨き、髭を剃り、身支度を整える。

かわり映えしない毎日の繰り返し。一緒に働く若者があきれるくらい一生懸命トイレの掃除をする。


昔流行った、「トイレの神様」という歌を思い出しました。

トイレにはキレイな女神様がいて、毎日キレイにしていると「べっぴんさん」になれるよと、おばあちゃんから教わったという歌です。

この「べっぴんさん」とは、見た目ではなく、「心のべっぴんさん」ではないかと思います。

この映画の主人公も、心が気高く見えるのです。

まさに「足るを知る」を体現している暮らしは、神が宿っているかのように平常心で、すべてを受け入れているように見えました。

「足るを知る」とは、あきらめることではなく、明らかにすること。

ありのままの自分の心地良さが何かということを、明らかにわかっているのです。

ランチは神社のベンチでコンビニのパンを食べ、夕方から銭湯に行き、安い居酒屋でハイボールを飲む。古本の文庫を読みながら眠る日々。必要以上のものは持たず、余計なことは喋らない。

掃除道具を積んだ古い車は、スカイツリーの見える下町から、ダイナミックな首都高へと走っていきます。その車内には、カセットテープから流れる70年代や80年代の懐かしい洋楽。

古いカメラで木漏れ日の写真を撮り、小さな草花を見つけては持ち帰り、育てている。

そんな小さな楽しみが、日々の彩りとなっているのです。

何よりも印象に残ったのは、玄関のドアを開け、早朝の晴れた空を見上げるときの主人公の表情です。

柔らかで、優しい。品格さえ感じさせる表情には、いま、この時を生きる、ささやかな喜びが宿っているようにも見えるのです。

ほとんど人との接触はないのですが、若者の自分勝手な行動に振り回されたり、行きつけのスナックのママや古本屋の女主人との何気ない会話、突然、現れた姪との交流に人間味と人柄が感じられ、人との小さなふれあいが、淡々とした毎日に小さな心の揺れとあたたかさをもたらしていきます。

そんな日常は、美しい映像で表現された「木漏れ日」に象徴されています。

「木漏れ日」とは、木の葉が陽射しを通して地面に差し込む日の光のことを指します。

遠い空にある太陽の陽射しは、木の葉を通して、私たちの足元を照らしてくれます。

特に、雨のあとは、白いオーロラにように美しく見えて、天からの贈り物のようです。

「木漏れ日」は、自然の美しさや心の安らぎを表現する際によく使用される言葉であり、
私は、「小さな暮らし」とは、この木漏れ日のようなものだと思いました。

安らぎをもたらしてくれるのは、「日々の小さな光を拾う心」なのではないでしょうか。

それぞれの「PERFECT DAYS」は、木漏れ日が差す小さな日常の中で見つかるのかもしれません。

Way of Life Called
Minimum Rich

Lesson

6

小さく満ちる

青山通りを歩いていたら、雑貨が並ぶ小さなショップのドアに書かれた展示会のタイトルに、ふと目が留まりました。

「小さく満ちる」。

「満ちる」っていいなと思いました。

「満たす」だと、外から何かを与えることで、いっぱいになるイメージですが、「満ちる」は内側から自ら膨らんでいって、じわじわと充実していくような感覚になったのです。

つい、外から満たすことばかりに意識がいきがちですが、実は、内側から満ちる力が私たちには備わっていて、それが自分自身の解放へとつながるのかもしれないと思いました。

大きく満ちることは難しいけれど、心の小さなスペースさえ満ちていれば幸せだなと思えたのです。

その小さなスペースに入れるものを厳選していけば、ご機嫌でいられるのです。

そして、それは、モノだけでなく質の良い睡眠や信頼できる人たちとの交流、そしてワクワクする体験や経験などです。

本当にワクワクする何かを地味でも、ゆっくりでもいいから続けていって、日々、少しずつできるようになっていくことも、内側から満ちる力を育ててくれるのではないかなと感じました。迷うことがあれば、正しさよりワクワクする方を選びたい。


アフターコロナは、個の時代。自分の個性を自分で育てていく時代です。

毎日、少しずつ、光合成して育っていく木のように、自分を育ててあげたい。

自分の心に水をやるのは、自分です。

いつも自分の心のコップの水をご機嫌でいっぱいに満たしていくと、そのコップから溢れた水で、自分の根っこが潤い、まわりの人にもご機嫌のお福分けができます。

そんな人はとても強運で、いいことがたくさん起るのを見てきました。

いつもご機嫌でいられる「小さく満ちる力」を心の奥で育てていきませんか。

ゆっくりと、自分のペースで。

Way of Life Called
Minimum Rich

Lesson 7

「いつもの暮らしぶり」で運を貯める

毎年、新年には皆、神社に初詣に訪れ、「今年はいい年でありますように」と手を合わせます。

「いい年、悪い年」ということは、本当はなくて、「がんばる時期と、がんばってきたことが発揮される時期」があるだけかもしれません。それが数年単位で交互にやってきます。

運気とは、時のタイミングのことなので、よく「運気のいい時に決断する」「運気の悪いときは決断しない」と言われます。

確かに、うまくいかないときに、人は何かを変えたくて大きな選択をしたくなるのかもしれません。その選択は、スピードを上げて無理に急カーブを曲がるような強引さがあるのですが、自分では気がついていないのです。

「がんばる時期」というのは、運を貯めていく時期なのだと思っています。

運とは、「いつもの暮らしぶり」で貯まっていくものではないでしょうか。

「いま、任されていることをしっかりやる」、「まわりの人に感謝する」、「面倒なことも引き受ける」など、日々の小さな行動が、運を貯めることになるのだと思います。

その積み重ねた運がいっぱいになった時期に、物事は良い方へと動き始めます。


今日は、「ありがとう」と、感謝の気持ちを伝えられた。

ピンチでも「なんとかなる」と、ゆとりがあった。

「おたがいさま」と、人を気遣う思いやりが持てた。


こんな小さな運を貯めながら、健康でいられれば十分ではないかと思えて、心が楽になるのです。


心が楽になると、心は開く。これを開運と呼ぶのではないでしょうか。

開運は、小さな暮らしの中で小さく自分を満たすことから始まります。

小さな暮らしに仕立て直せば、「幸せってそんなに難しくない」と思えるのではないでしょうか。小さな暮らしには、人生の小さな喜びが詰まっているのです。

おわりに

小さな暮らしの幸せが永く続きますように

この本を手に取ってくださり、そして最後までお読みくださり、本当にありがとうございます。

大寒といわれる1年で最も寒い時期に、この原稿と向き合っています。

節分までのこの時期は、春隣（はるとなり）とも呼ばれるそうです。

春の隣にいると思うと、心も薄く桃色に色づくように、気持ちが優しくなる気がします。

四季のある日本には、毎日の暮らしの中で感じる小さな喜びがたくさんあります。

道端の花や旬の食材、空気や風、月や太陽の光。

そんな豊かな恵みに、一つひとつ感謝しながら、日々、暮らしていきたいとあらためて感じています。


混沌とした時代だからこそ、常温のような暮らしの中の小さな喜びを、一つひとつ拾いたいと思い書き進めました。本書が、皆様の暮らしを少しでも心豊かにする一助となればば、こんなにうれしいことはありません。


2024年の干支は、甲辰。

始まりの年であり、芽吹きの年とも言われています。

甲は、「甲・乙・丙」の始まり、そして、「辰」(龍)は、架空の動物ながら、大自然の躍動を象徴しているそうです。

「はじまり」「躍動」「活気」というキーワードのある年回りなのです。「龍があらわれると、めでたいことが起る」とも言われていますから、それぞれの暮らしの中で、「龍に出会えた」と思えるような出来事やご縁がある年になる予感がします。新しい一歩を軽やかに踏み出せるよう、家の中に余白をつくり、新鮮な風を吹かせていきたいと思います。

本書は、デビュー作から数えて、11冊目となります。まさに、また新たなスタートです。あらためまして、デビュー作からお世話になり、ミニマムリッチシリーズの産みの親でもありますクロスメディアグループ代表の小早川様に感謝を申し上げます。

そして、若い感性でアイディアをくれた編集の小山様、可憐で優しい世界観を表現してくださったデザイナーの都井様、クロスメディア・パブリッシングの営業の皆様、全国の書店の皆様、本書に携わっていただいた、すべての方々に心より感謝を申し上げます。

最後になりましたが、能登半島地震で被災された皆様が1日も早く、心休まる暮らしに戻れますよう、心よりお祈り申し上げます。

満開の桜の下で、皆が笑顔でいられる世界がずっと続きますように。

心を込めて。

2024年　春隣

横田　真由子

［著者略歴］

横田真由子（よこた・まゆこ）

ミニマムリッチ®コンサルタント／オフィスファーレ代表
株式会社ケリングジャパン（旧GUCCI JAPAN）販売スタッフとして有名人やVIP客の担当となり、3年で店長に昇格。顧客獲得数No.1となる。VIP客のモノ選びに女性としての優雅な生き方を学び、独自の「大人エレガンス」を実践する契機となる。
2004年、英語の「Do」と同義語のイタリア語「Fare」を屋号に、「オフィスファーレ」を設立。モノをただ使い捨てるのではなく、選んだモノを大切に手入れしながら愛し抜く姿勢に、真の豊かさを感じ、「上質なモノを少しだけ持つ人生」＝「ミニマムリッチライフ」を提唱し、セミナー・講演・執筆活動を行う。
著書は『本当に必要なものはすべて「小さなバッグ」が教えてくれる』『すてきな靴が一歩ふみ出す自信をくれる』『本当に必要なことはすべて「ひとりの時間」が教えてくれる』（クロスメディア・パブリッシング）など、累計12万部。

［オフィシャルサイト］http://minimum-rich.com/

本当《ほんとう》に必要《ひつよう》なことは
すべて「小《ちい》さな暮《く》らし」が教《おし》えてくれる

2024年4月1日　初版発行

著　者　横田真由子

発行者　小早川幸一郎

発　行　株式会社クロスメディア・パブリッシング
〒151-0051 東京都渋谷区千駄ヶ谷4-20-3 東栄神宮外苑ビル
https://www.cm-publishing.co.jp
◎本の内容に関するお問い合わせ先：TEL（03）5413-3140／FAX（03）5413-3141

発　売　株式会社インプレス
〒101-0051 東京都千代田区神田神保町一丁目105番地
◎乱丁本・落丁本などのお問い合わせ先：FAX（03）6837-5023
service@impress.co.jp
※古書店で購入されたものについてはお取り替えできません

印刷・製本　中央精版印刷株式会社

　ISBN978-4-295-40956-4　C0030